정치를 위해 무엇을 할 것인가

정치를 위해 무엇을 할 것인가

초판1쇄 인쇄 2013년 5월 22일
초판1쇄 발행 2013년 5월 29일

지은이 슬라보예 지젝
기 획 이택광
옮긴이 민승기
펴낸이 조인원
펴낸곳 경희대학교 출판문화원

주소 서울특별시 동대문구 경희대로 26
전화 02-961-0106~8, 팩스 02-962-8840
설립 1960년 9월 16일 제5-8호
등록 1977년 11월 8일 제6-5호
홈페이지 www.khupress.com
전자우편 press@khu.ac.kr

ISBN 978-89-8222-425-6 03300

정치를 위해 무엇을 할 것인가

포스트 자유민주주의 시대,
좋은 삶의 조건을 다시 묻는다

슬라보예 지젝 특강
민승기 옮김

경희대학교 출판문화원

이야기를 열며

바야흐로 정치의 지각변동이 예고되고 있습니다. 죽음이 선고됐던 정치가 '부활'하고 있습니다. 아랍의 봄에 이어 월가의 '점령하라', 스페인의 '분노하라' 운동이 정치를 다시 사유의 전면에 불러들였습니다. 많은 정치가들이 달라진 전망을 논의하고, 다양한 철학자들이 정치에 대한 새로운 생각을 요청하고 있습니다. 기존의 가치체계로 설명할 수 없는 새로운 의미를 만들어내는 것이 정치적인 사건이라면, 지금이야말로 정치적인 문제의식을 다른 각도에서 성찰해야 할 시점입니다.

아리스토텔레스가 말한 정치는 궁극적으로 '말할 수 있는 능력'을 지칭하는 것이기도 했습니다. 정치는 다른 무엇보다도 '말하기'이고, 민주주의는 '아무나 말할 수 있는 상황'입니다. 정치는 논의의 대상이자 토론의 현장입니다. 숱한 말들이 교차하고 다채로운 생각들이 오가는 '소통의 공간'이 정치입니다. 그러나 한국을 비롯한 거의 모든 국가에서 정치의 참모습을 경험하는 것은 거의 불가능합니다. 다수의 말을 듣기보다 다수로 하여금 침묵하게 만드는 것이 정치의 목적처럼 보입니다. 정치는 아직 일상적 삶의 안쪽이 아닙니다. 정치를 삶의 문제로 내려앉히는 것, 정치를 삶의 영역으로 끌어들이는 것은 다양한 의견이 활발하게 교차할 때 가능해질 것입니다. 정치에 대한 입장들이 서로 마주치면서 새로운 '화음'을 만들어낼 때, 정치와 삶은 창조적 효과를 발휘할 수 있을 것입니다. 정치에 대한 철학적인 논의들은 정치의 광범위하고도 심층적인 가능성을 구체화할 수 있습니다. 정치를 '정치의 정치'로 거듭하게 하는 철학자들의 비판적 성찰은 특정 이념과 사회에 갇혀 있는 정치를 보다 보편적인 차원에서 논의할 수 있게 만들어줍니다.

이제, 오늘날 가장 활발하게 정치에 대한 철학적 논의를 전개하고 있는 석학 슬라보예 지젝이 "정치를 위해 무엇을 할 것인가?"라는 주제로 이야기를 시작합니다. 지젝은 가장 대중적이면서 가장 심오한 철학적 주제들을 통해 사유의 혁신을 자극해온 대표적인 철학자입니다. '철학계의 엘비스 프레슬리'라는 찬사가 말해주듯, 역동적이면서 정열적인 그의 철학에서 현재의 문제를 해결할 수 있는 통찰을 발견하고 이를 공유할 수 있기를 기대합니다.

석학초청특강기획위원회

차례

일러두기

1. 이 책은 경희대학교 미래문명원의 주관으로 2012년 6월 27일 평화의 전당에서 "정치를 위해 무엇을 할 것인가"라는 주제로 열린 '2012 석학초청 특강'에서 슬라보예 지젝이 강연한 내용을 바탕으로 엮은 것이다.

2. 본문에 달린 각주는 모두 옮긴이 주로, 강연 당시 지젝이 언급했던 영화와 용어, 최근의 세계경제 지형과 관련된 역사적·정치적 사건들 중 문맥상 설명이 필요할 것으로 보이는 경우에 한해 달아두었다. 그 밖에 지젝이 직접 말하진 않았지만 문맥 파악에 도움이 될 만한 구절은 [ ] 표시로 본문 안에 추가했다.

제1강

‘카페인 없는 커피’ 가게에 오신 것을 환영합니다

이데올로기의 욕망,
또는 욕망의 이데올로기

우선 제가 이 자리에 서게 된 것을 정말로 자랑스럽게 여기고 있음을 밝히고 싶습니다. 왜냐하면, 제가 쓴 책들이 여기 한국에서 상당한 성공을 거두고 있고, 이런 성공은 제게 희망을 안겨주었기 때문입니다. 어떤 의미의 희망일까요? 완벽한 의사소통이 불가능하다는 식의 다문화주의 이데올로기를 저는 믿지 않습니다. '내가 의미하는 바를 네가 어떻게 알 수 있지? 또 네가 뜻하는 바를 내가 어떻게 알 수 있겠어?' 이를테면 이런 질문을 던지는 이데올로기 말입니다. 저는 늘 보편성은 가능하다고 생각해왔습니다. 물론 여기서 말하는 보편성이란 고차원적인 정신적 보편성이 아니라 투쟁의 보편성을 말합니다. 서로가 서로를 이해할 수 있는 것은, 투쟁에도 불구하고 우리가 동일한 정신적 실체를 느끼고 있어서가 아니라 해방이나 자유를 향한 동일한 투쟁에 참여하고 있기 때문입니다. 보편성은 투쟁의 보편성입니다. 저는 친절하게도 여기까지 와주신 여러분께, 또 특별히 이런 강연의 자리를 마련해준 분들께 감사를 드리고 싶습니다.

저에 대한 친절한 소개가 이뤄진 바로 그 대목을 이론적 논의에 사용하지 않을 수 없겠습니다. 다시 말해 제가 소개되는 동안 저 자신은 어떤 상황에 처해 있었을까요? 저에 대해 무엇인가가 말해졌다는 것은 알고 있습니다. 제 이름과 국적 같은 것들을 알아들었고, 그것이 저에 대한 것이었음을, 다시 말해 마치 운명처럼 제가 어떻게 할 수 없는 무언가가 거기 쓰여 있다는 것은 압니다. 하지만 그것이 무엇인지 제가 분명히 알 순 없습니다. 그러니까 누군가가 여러분 각자에 대해 묘사하지만 여러분은 자신이 어떻게 묘사되고 있는지 모를 때, 그래서 여러분 자신은 바로 그 묘사와 자신을 동일시할 수 없을 때와 같은 상황이라 할 수 있겠습니다. '세상에, 내가 정말 그런 사람이야?' 하면서 말입니다. 제 위대한 스승 중 한 명인 자크 라캉Jacques Lacan의 정신분석 이론에서, 경험적 차원의 바보 같은 나와 상징적 정체성으로서의 나 사이에 존재하는 이런 틈새는 상징적 거세symbolic castration라고 불립니다. [이런 의미에서] 제가 다시 한 번 거세를 경험하도록 진정으로 환대해주신 데 대해 매우 감사드립니다. 다시 진지하게 말해보자면 거세란, 직접적 정체성과 상징적 정체성 사이에서 우리가 겪게 되는 바로 이 틈새를 말합니다. 전통적 의미의 권위라는 것에 대해 한번 생각해봅시다. 우리에게 대부분 아버지는 혼란스럽고 무능력한 존재입니다. 하지만 그럼에도 불구하고 그 분은 아버지이고, 상징적 정체성의 차원에서 우리는 그를 존경합니다.

세 번째로 강조하고 싶은 점은 제가 한국 문화에 대해 꽤 면밀하게 검토해왔고, 또 한국 문화가 제게 상당히 깊은 인상을 남겼다는 것입니다. 저는 한국 영화를 좋아합니다. 〈봄, 여름, 가을, 겨울… 그리고 봄〉[1] 같이 대단히 탈속적인 영화는 아닙니다. 이 영화는 제게 너무 탈속적인 것이었습니다. 제가 좋아하는 영화는, 지금 기억나는 대로 말해보자면 여기, 남한에 온 북한 간첩에 대한 영화인데, 그는 여기서 역시 북한 간첩인 한 여자를 만나게 됩니다.[2] 또 〈무사〉[3]란 제목의 영화로, 고려왕조 시대 사람들에 대한 아주 스펙터클한 영화도 있습니다. 대단히 예술적이고 훌륭한 영화는 아니지만 어쨌든 저는 이런 영화들을 좋아합니다. 좋습니다, 더 이상 시간을 낭비해서는 안 되지 싶습니다. 얼른 시작해봅시다.

1930년대 후반에 만들어진 헐리우드 정통 코미디물에서 나온, 제 생각으론 썩 훌륭한 농담으로 시작해봅시다. 그레타 가르보가 주인공인 니노취Ninotch로 나오고 독일 이민자 에른스트 루비취Ernst Lubitsch가 감독이었던 영화[4]입니다. 단지 하나의 장면이라고 말할

1 사방이 산으로 둘러싸인 호수 속 암자를 배경으로, 노승과 동자승이 사계절을 나면서 겪는 죄와 구원의 문제를 다뤘다. 〈피에타〉로 2012년 베니스국제영화제에서 황금사자상을 수상한 김기덕 감독의 2003년도 작품. LJ필름과 독일의 아트하우스 판도라필름이 함께 제작하고 코리아픽처스와 유럽계 배급사 바바리아 필름이 공동으로 배급했다.

2 언급하는 내용상 〈간첩 리철진〉을 가리키는 것으로 보인다. 북한의 식량난 해결을 목적으로 '슈퍼돼지 유전자' 샘플 확보차 남파된 특수공작원 리철진이 다른 베테랑 남파공작원과의 접선 와중에 예기치 못하게 겪는 우여곡절을 코믹하게 다뤘다. 장진이 각본과 감독을 맡은 1999년 작품으로, 씨네월드가 제작을, 씨네마서비스가 배급을 맡았다.

3 명나라 사신단의 일원으로 갔다가 간첩으로 몰려 귀양길에 오른 고려 무사들이 원나라 잔당에게 납치된 명나라 공주와 우연찮게 조우하면서 겪게 되는 갈등과 분투를 그렸다. 〈비트〉(1997)로 입봉한 김성수 감독의 2001년도 작품으로, 싸이더스에서 제작하고 CJ엔터테인먼트가 배급했다. 정우성과 주진모, 장쯔이, 안성기가 주연을 맡았다.

4 〈니노치카〉는 소비에트연방의 어느 열성 공산당원이, 옛 러시아제국 소유의 보석을 팔러 프랑스 파리에 갔다가 잠적한 다른 당원들을 찾으러 왔지만 자신 또한 프랑스 남성의 매혹에 빠져드는 과정을 다룬 영화다. 1939년 미국 MGM영화사에서 제작됐다. "가르보가 웃는다"라는 영화 홍보 문구로도 널리 알려져 있다.

수도 있을 것입니다. 주인공이 카페에 들어가 크림 없는 커피, 그냥 크림 없는 커피를 주문하자, 웨이터는 이렇게 답합니다. '죄송합니다만 지금 크림이 다 떨어져서요. 우유밖에 없거든요. 크림 없는 커피를 드릴 수가 없겠습니다. 저기, 우유 없는 커피를 드려도 될까요? 지금 우유밖에 없어서.' 이 장면에서 아주 그럴 듯하게 드러나는 것은, 우리가 소유하지 않은 것, 다시 말해 부정성negativity이라고 하는 것이 우리의 정체성을 구성하는 부분이 된다는 점입니다. 여러분과는 다른 것, 잃어버린 것이 여러분 정체성의 한 부분이 된다는 것이고, 이는 곧 직접적인 물질적 차원에서는 우유 없는 커피나 크림 없는 커피나 똑같은 것이지만, 다시 말해 그냥 커피에 다름 아닌 것이지만, 사실상 그 둘이 동일하지 않다는 뜻입니다. 커피의 의미와 관련해서 이는 중요한 사항입니다. 문제는 '무엇이 없는 커피냐'라는 것이기 때문입니다.

이러한 역설을 좀더 발전시켜 볼까요? 여기 다른 영화가 있습니다. 아마 이 영화 이야기를 듣고 나면 여러분은 즉각적으로 이러한 역설이 함축하는 차원, 다시 말해 잉여excess를 가지고 노는 그런 성적erotic 차원에 대해 이해할 수 있을 것입니다. 여러분은 여기서 근본적으로 고유하다고 말할 수 있는 인간적 에로티시즘human eroticism을 발견할 수도 있을 것입니다. 사실 인간적 에로티시즘은 언어의 일부입니다. 사실 우리는 말한다는 바로 그 이유 때문에 인간적인 의미에서 성적이라고 할 수 있습니다. 제 기억으로는 1990년대 후반에 만들어진 영국 영화인데, 〈브래스트 오프Brassed Off〉라는 제목의, 노동자 계급을 배경으로 하는 코미디물입니다.

일자리를 잃은 광부들에 대한 내용을 담고 있습니다. 이 영화에도 짧지만 아주 멋진 장면이 등장합니다. 한 젊은 여자가 나중에 자기의 애인이 될 남자와 시시덕댑니다. 함께 저녁을 먹은 뒤, 남자는 여자를 집까지 바래다주고 집 앞에서 여자는 이렇게 말합니다. 여기서도 커피가 말썽입니다. '같이 올라가서 커피 한 잔 할래?' 그러자 남자는 '어, 그러고 싶기는 한데, 문제가 하나 있어. 난 커피 안 마시거든'이라고 답합니다. 이 말에 여자는 '괜찮아, 우리 집엔 커피 없는데 뭐'라고 대꾸합니다. 여러분이 보시다시피 아무 일도 일어나지 않았습니다, 이 장면에선. 하지만 '난 커피 안 마시거든 — 괜찮아, 우리 집엔 커피 없는데 뭐'라는 이중 부정을 통해, 우리는 성적 유혹이 좀더 직접적으로 일어나고 있음을 눈치챌 수 있습니다. 제 말은 이런 이중 부정은 우리가 이미 의심하고 있는 바로 그것을, 다시 말해 커피가 다른 어떤 것의 구실이나 핑계일 뿐임을 아주 직접적으로 단언하고 있다는 것입니다.

저는 왜 이런 시답잖은 농담으로 시간을 낭비하고 있는 것일까요? 사실 저는 지금 아주 진지합니다. 왜냐하면 저는 오늘날 이데올로기가 작동하는 방식이, 나중에 시간이 허락되면 이 문제와 관련해서 좀더 자세하게 논의해보도록 하겠습니다만, 직접적으로 어떤 것이 사실이 아니라고 말하는 거짓말의 형태와 관련되어 있다고 생각지 않기 때문입니다. 이데올로기는 오히려 은연중에 암시되는 함의의 차원에서 이해돼야 합니다. 이데올로기는 (직접적으로) 말하는 내용이 아니라 우리 안에 한 가지 암시적인 의미를 만들어냄으로써 자신이 말하고자 하는 바를 말하는 데서 발생합

맑스는, 우리가 스스로 의식하지도 못하는 믿음들을 실행하고 있다고 주장합니다. 전형적인 자본주의자라면 그는 전적으로 냉소적인 리얼리스트이리라는 것입니다. 하지만 시장에서 거래를 할 때 그는 믿음을 실행합니다. 다시 말해 그는 그가 생각하는 바가 아니라 그가 하고 있는 바를 믿고 있는 셈입니다. 정말로 멋진 변증법적 개념이 바로 이 물질화된 믿음 아닌가 싶습니다. 여러분이 생각하고 있는 것이 아니라 여러분의 실행 속에서 구체화되는 믿음 말입니다.

니다. 사실 이런 암시적인 의미는 이데올로기가 정반대되는 의미에 기대서 정말로 모든 것을 생산해내는 동안 만들어집니다. 좀 전에 거론했던 커피의 예를 다시 들자면, 이데올로기는 우유 없는 커피를 주면서 크림 없는 커피를 주고 있다고 주장하는 셈입니다. 그래서 오늘날 우리는 바로 이런 함축적인 의미들, 다시 말해 말해지지 않은 채 말해지는 것에 주목해야 합니다. 예를 들어 여기 한국과 비교해 유럽은 오늘날 경제 위기, 긴축 정책과 관련해서 훨씬 더 어려운 상황에 직면해 있습니다. 권력자들이 국민들을 상대로 (임금을 낮추고 의료보험 혜택을 없애는 것과 같은) 긴축 정책을 펼치려 할 때, 그들은 물론 무언가를, 말하자면 우유 없는 커피를 제공하는 척합니다. '여러분은 여러분 자신을 위해서 조금만 참으면 됩니다,' 이런 식으로 말입니다. 하지만 사실 그들은 크림 없는 커피를 제공하고 있는 것입니다. 이런 형태의 이데올로기와 싸우기 위해 우리는 그 이데올로기 속에 함축된 의미들을 살펴봐야만 합니다. 그렇다면 이것이 왜 그렇게 중요한 것일까요?

이제 제가 지적하고 싶은 첫 번째 사항에 대해 논의해보겠습니다. 헤겔의 변증법적 전통 속에서 우리가 총체성totality이라고 부르는 것이 정확히 바로 그런 총체성입니다. 사실 제대로 된 변증법적 분석에서 중요한 것은 특수한 사건들을 보다 큰 조화로운 총체성 속으로 통합시키는 것이 아닙니다. 변증법은 전체론적인holistic 것이 아니라는 것입니다. 요점은 '현상들을 분리, 고립된 상태에 있는 것으로 파악할 것이 아니라 전체론적으로 파악해라'에 있지 않다는 말입니다. 이것으로는 충분치 않습니다. 흔히 우리는 어떤 개념을 부정하거나 왜곡하는 형태, 또는 그 개념의 실패와 같은 것들을 바로 그 개념 속에 포함시키곤 했습니다. 오늘날의 자본주의가 한 예가 될 수 있겠습니다. 오늘날의 자본주의를 총체적인 것으로 파악하기 위해서 후쿠야마가 설명하듯이 '하나의 체계로서의 자본주의는 관념상으로는ideally 좋은 것이다'라고 하는 것만으로는 충분치 않습니다. 자유주의적 민주주의, 성공적인 시장 경제 같은 것들을 거론하면서 말입니다. 우리는 오히려 한 국가 안에서 또는 국가 바깥에서 자본주의가 실패하는 그런 지점들을 모두 살펴봐야 합니다. 예를 들어, 오늘날 많은 사람들이 '애플'이란 기업을 포스트모던하고 디지털화된, 기술적으로 가장 발전되고 성공한 자본주의의 한 모델로서 간주하고 찬탄을 보냅니다. 하지만 여기서 무엇보다 먼저 거론돼야 할 것은 폭스콘Foxconn[5] 없이는 애플도 있을 수 없다는 점입니다. 폭스콘은 애플의 이면인 셈입니다. 애플 사람들이 중국에 있는 공장에서 심지어 대놓고 외설적인obscene 방식으로 무슨 짓을 하고 있는지 여러분은 이미 알고 계실 것입니다. 몇 달 전 폭스콘의 관리 책임자가 타이페이를 방문해서 했던 얘기를 읽고서 전 정말 충격을 받았습니다. 그는 이렇게 말합니다. '우리한테 큰 문제가 있습니다. 수없이 많은 동물(그가 회사 직원들을 지칭하기 위해 사용하는 표현입니다), 내가 감독하고 통제해야 하는 수많은 동물이 있기 때문입니다. 그래서 동물원에

5 중국 광둥성에 위치한 대만의 전자제품 하청생산 전문 기업으로, 이 기업 소유의 공장에서 애플과 삼성전자 같은 브랜드의 제품이 생산돼왔다. 말 그대로 살인적인 노동 강도와 조건으로 스스로 목숨을 끊는 노동자들이 속출하면서 널리 알려지게 됐다.

갔습니다. 직원들을 어떻게 다룰지, 동시에 동물 수천 마리를 어떻게 다룰지 알아내야 했습니다.' 또 다른 예에 대해 생각해볼까요? 이번에는 콩고Congo입니다. 유혈이 낭자하는 공포스러운 상태에 놓인 나라, 콩고 공화국은 엄청난 양의 광물을 보유하고 있지만 효율적인 국가로 기능하지 못하는 나라입니다. 국가의 일부 지역들을 지배하고 통제하는 군인들, 군벌들밖에 없습니다. 콩고의 광물들은 아주 중요합니다. 여러분이 사용하는 컴퓨터나 아이팟, 노트북 같은 것들을 만드는 데 반드시 필요합니다. 이런 광물들 때문에 그 나라에 들어와 있는 외국 기업들도 이들 군벌이 직접 관리하고 있는 상황입니다. 그런데 '불행하게도 콩고는 전지구적 자본주의의 일부가 될 만큼 발전된 나라가 아닙니다'라고 하는 것은 옳지 않습니다. 이렇게 말하는 것은 법에 기초한 지배가 이뤄지지 않는 이 콩고라는 땅에 대한 공포만 드러내고 맙니다. 콩고에는 1~2천 명의 어린이 전사들, 죄송합니다, 1~2백 명의 어린이 전사들이 있다고들 합니다. 일곱 살이나 여덟 살 때쯤부터 아이들에게 중독성 환각제를 주기 시작하고, 이렇게 해서 열 한두 살쯤 됐을 때 그 아이들은 양심 없는 완벽한 킬러가 돼 있을 것이라고 합니다. 그 자체로 지옥과 다름 없는 바로 그 콩고가 오늘날 전지구적 자본주의의 일부가 돼 있는 것입니다. 전지구적 자본주의는 그런 콩고가 필요합니다. 전지구적 자본주의라는 것이 그저 성공했다는 국가들, 그러니까 여기 한국, 어느 정도는 중국, 싱가포르나 북유럽 국가들만을 의미하지 않게 됐다는 말입니다. 전지구적 자본주의는 이들 모두를 의미할 뿐만 아니라 여기에 덧붙여 배제돼야만 하는 어둡고 부정적인 측면까지도 모두 포함하는 것입니다. 여러 나라들이 있겠지만, 그 중에서도 여기 한국, 좋습니다. 여러분들은 아주 잘 해오고 있습니다. 그런데 어떤 모습으로 나타나거나 실현될지 잘 모르겠지만, 제가 알기로 몇 년 전에 한국의 몇몇 대기업들이, 아니 어느 대기업이 마다가스카르Madagascar에 있는 이용 가능한 땅 중에서 가장 좋은 땅을 전부 사들일 계획을 세웠습니다. 물론 한국만 그러는 것은 아닙니다. 오늘날 선진국이라고 불릴 만한 국가들이 특히 아프리카에 있는 가장 좋은 땅들을 사들이고, 그곳 농민들을 내쫓아 새로운 굶주림을 부르고 있습니다. 바로 이것이 전지구적 자본주의입니다.

고유한 의미의 변증법적 분석이 어디서 시작돼야 할지 아시겠습니까? 우선 자본주의나 공산주의와 같은 어떤 이상적인 보편 개념들을 생각해냅니다. 그런 다음 이런 개념들이 초래한 실패들 또는 의도치 않았던 부산물들을 포착하게 됩니다. 변증법의 기본적인 제스처는 바로 이러한 실패들이 단순히 운이 나빠 생긴 결과가 아니라 필연적인 것임을 보여주는 것입니다. '거기 콩고에 보다 더 나은 자본주의자들이 없었던 탓'이라고 할 상황이 아니라는 말입니다. 이런 모든 실수들, 적대, 끔찍한 부산물들이 바로 보편 개념을 구성하는 한 부분이라고 할 수 있습니다. 제 생각에는 이런 맥락에서 오늘날 점점 더 중요해지는 것이 바로 실업이라는 범주가 아닌가 합니다. 정통 맑스주의 전통에서 자본주의는 착취를 토대로 정의됩니다. 하지만 저는 착취당한다고 말할 수 있는 위치에 있지 않은 사람들이, 다시 말해 실업 상태에 있는 사람들이 요즘 점점 더 중요해지고 있지 않나 하는 생각이 듭니다. 이는 단순히 [실업]예비군 같은 상황에 있는 사람들, 말하자면 일시적으로 실업 상태일 뿐 나중엔 취업할지도 모르는 그런 사람들만을 말하지 않습니다. 이는 무엇보다도 새로운 과학기술의 발전으로 인해 직업을 상실할 가능성이 있는 사람들을 가리킵니다. 전혀 다른 분야에서 일자리를 찾지 않을 경우 영원히 실업 상태일 수밖에 없는 그런 사람들을 생각해 보시기 바랍니다. 더군다나 소말리아Soomaaliya나 콩고를 비롯한 여러 나라들은 국민 전체가 실업 상태에 놓여 있다고 할 수도 있습니다. 아니, 적어도 어떤 의미에서 나라의 전 지역이 이를테면 비고용 상태에 있다고, 그러니까 세계유통이나 세계시장으로부터 배제돼 있다고 말할 수 있습니다. 이미 실업의 가능성을 달고 사는 사람들이 있다는 것입니다. 제가 보기에 유럽에서 상당 정도 느낄 수 있는 사회적 불안의 주된 원인은 바로 여기에 있지 않나 합니다. 공부하던 수 백만 명의 학생들이 어느 날 갑자기, 전공과 관련된 분야에서 일자리 찾기가 영원히 불가능할지 모른다고 생각하게 되는 것입니다. 이런 이유로 저는, 프롤레타리아트, 즉 착취당하는 이들의 영역을 좀더 확장시켜야 한다고 생각합니다. 단지 일하고 착취당하는 사람들만이 아니라 일할 수 없는 사람들까지도 포함시켜야 한다는 것입니다. 이런 배제가 바로 자본주의가 작동하는 방식의 일부이기 때문입니다. 자본주의는 필연적으로 점점 더 많은 실업자들을 만들어내고 있습니다. 한 단계 더 나아가 볼까요? 이 문제를 좀더 분명하게 논의해보면 어떨까요? 이미 너무나 자명하긴 합니다만, 저는 이것이 헤게모니를 획

득한 지배 이데올로기의 강점을 보여줄 것이라 생각합니다. 그러한 강점들은 어디서 목격할 수 있을까요? 바로 반反자본주의라고 하는 것의 현존 속에서입니다. 이것이 무슨 말일까요? 반자본주의자가 되기는 매우 쉽습니다. 대중 매체들을 한번 살펴보기만 해도 됩니다. '이 기업은 어린이들을 착취하고 있고 저 기업은 환경을 오염시키고 있으며 저 은행은 투기에 손을 대고 있다'고 하는 기사들은 널려 있습니다. 하지만 자본주의에 대한 이런 모든 비판들은 도덕주의적 비판에 머물러 있습니다. 그들은 탐욕스러운 은행가들, 탐욕스러운 자본주의자와 같은 이들을 비난합니다. 제 생각에는, 우리가 여기서 단순히 사람들을 비난하는 데 그쳐서는 안 됩니다. '저 자본가는 정말 사악한, 탐욕스런 인간이야'라는 식으로 하는 이야기들에 전 신물이 납니다. 사실 은행가들은 늘 이런 방식으로 묘사돼왔습니다. 문제는 최근 일어난 자본주의상의 변화란 것이 무엇이냐는 것입니다. 다시 말해, 어떤 점이 달라졌길래 그런 탐욕이 지금과 같은 파국적 결말들을 남기면서 실현되고 있느냐는 것이겠습니다. 그러니까 앞서 예로 든 도덕주의적 반자본주의의 한계는, 그것이 사람들이나 그들의 나쁜 성격, 탐욕, 부패 같은 것들을 비난함으로써 중요한 분석, 그러니까 체제 또는 시스템에 대한 분석의 여지를, 체제/시스템 그 자체상의 잘못이 무엇인지 분석할 수 있는 기회를 우리에게서 앗아간다는 데 있습니다.

제2강

프랜시스 후쿠야마 이후

또는 자유민주주의의
종말에 관하여

오늘날 모든 사람들, 거의 모든 사람들은 후쿠야마주의자들입니다. 프랜시스 후쿠야마를 말한다는 것은 다 아실 것입니다. 오늘날 대부분의 사람들이, 심지어 자본주의를 비판하는 사람들마저 미국인들의 표현을 빌리면 자유민주주의적 자본주의가 선택할 수 있는 유일한 대안이라는 점을 당연시하고 있기 때문입니다. 그것이 정말 제대로 작동하고 있는 유일한 체계이고, 결국 우리가 할 수 있는 일이라곤 그 체계를 조금 더 낫게, 조금 더 효율적인 것으로 만드는 것뿐이라고들 하는 셈입니다. 제가 젊었을 때 우리는 모두 인간의 얼굴을 한 사회주의를 위해 투쟁했습니다. 오늘날 우리가 가진 지평의 한계는 자본주의, 그러니까 인간의 얼굴을 한 전지구적 자본주의인 듯합니다. 소수자들에게 좀더 많은 권리를, 좀더 강한 연대 같은 구호를 외치지만, 우리는 체제를 그 자체로 받아들이고 있습니다. 자본주의 체제의 한계를 목격하는 것이 사실상, 이렇게 말해도 된다면 거의 상상할 수 없는 일인 양 말입니다. 제 친구이자 미국의 맑스주의자인 프레드릭 제임슨은 SF

소설에서 우리가 지구의 마지막을, 그러니까 소행성이 지구와 충돌하고 모든 생명이 마지막을 맞이하는 장면 같은 것들을 쉽게 상상하고 있다는 데 주목합니다. 이런 것들은 쉽게 상상할 수 있지만, 우리는 자본주의를 제한할 약간의, 아주 약간의 사회적 변화도 상상할 수 없는 상태에 있습니다. 세계가 종말을 맞이한다 해도 자본주의는 남아 있어야 한다는 말일까요? 여기서 저는 어떤 사악한 이데올로기들을 비난하고 있는 것이 아닙니다. 상황은 그보다 훨씬 더 복잡합니다. 최근 저는 이데올로기적 투쟁들에 대한 아주 훌륭한 기록을 읽었습니다. 중국 공산당의 그들, 이 '그들'이 누구인지 정확히는 모르겠지만 문화 정보 관련 업무를 맡은 부처 정도 되지 않겠습니까? 아무튼 그쪽 사람들이 서사 형태의 모든 미디어 생산물들에서, 그러니까 내러티브 필름, 텔레비전 시리즈, 소설 같은 분야에서 시간 여행이나 역사의 종말 같은 주제를 다루지 못하도록 조치를 내렸다고 합니다. 분명, 사람들이 대안에 대해 생각하기 시작할까 봐 두려웠던 것입니다. 하지만 제가 보기에 이는 중국이란 데선 좋은 신호인 것 같습니다. 사람들이 대안들을 상상할지 모른다는 생각에 권력자들이 두려움을 느끼기 시작했다는 점에서입니다. 우리가 속한 보다 민주적인 국가들에선 어느 누구도 감히 상상하려 들지조차 않잖습니까. 또 다른 형태의, 새로운 세계를 말입니다.

제가 이런 얘기를 왜 이렇게 강조하려는 것일까요? 여러분이 '그래서 뭐가 문제인데?'라며 반박하고 나올 것이 분명해서입니다. 공산주의가 비참하게 실패하고 말았다는 것을 우린 알고 있습니다. 저도 이에 동의합니다. 20세기의 공산주의는 전체적으로 보아 대실패였습니다. 그렇다면 우리가 지금 가진 것들에 그냥 만족하면 안 되는 것이냐? 한글로 이미 번역된 제 책들에 나오는 분석들을 여기서 또 반복하진 않을 것입니다. 그저 잠깐 논의하고 싶은 것은 여기서의 문제가 통제의 문제라는 점, 그리고 우리가 생태학에서 유전공학에 이르는 수많은 문제들과, 또 소위 지적 재산권이란 문제들과 가까이 있음을 알리는 신호들이 충분히 감지되고 있다는 점입니다. 제 생각에 이들 문제는, 전지구적 자본주의, 그리고 그것의 정치적 표현형이라 할 자유민주주의가 적절하게 대처할 수 없을 그런 것들입니다. 이렇게 보자면 저는 온건한 염세주의자라 할지도 모르겠습니다. 사람들이 우리 급진적radical 성향의 좌파들을 유토피아를 지향한다는 이유로 비난한다면 저는 이렇게 대꾸할 것입니다. '상황이 지금 같은 식으로 그저 계속 될 수 있으리라 생각하는 것이야말로 진정한 유토피아입니다'라고 말입니다. 여기서 저는 내일 당장 대파국이 닥칠 것이라고 말하는 것이 아닙니다. 그저 우리가 어떤 한계에 다가가고 있다고 말하려는 것입니다. 예를 들어 중국 같은 나라에서 급속한 발전이 이뤄지고 있고, 환경이 이런 발전을 견뎌낼 수는 없으리라는 것을 우린 이미 압니다. 단순하게 말해 세계의 환경이 이를 견딜 수 없을 것입니다. 이에 저항하려는 노력, 국지적인 차원에서 이뤄지는 그런 노력들만으로는 충분치 않다는 것 또한 잘 알려져 있습니다. 우리는 이런 점들을 외면하려고, 이런 것들과 대면하길 피하려고 애쓰는 중입니다. 여기서 저는 여러분과 함께 이데올로기가 우리의 일상 생활을 지배하고 있음을 보여주는 몇 가지 멋진 예들에 대해 생각해보고 싶습니다. 몇 가지는 이미 알고 계실지도 모르겠는데, 제게는 그런 것들이 늘 재미있게 느껴집니다. 예를 들어 우리의 자선 활동들 대부분, 또는 유기농 식품들에 대한 선호 같은 것은 순수한 이데올로기라고 주장하고 싶습니다. 좀 냉소적이란 생각이 들지도 모르겠지만, 이런 상황을 한번 가정해봅시다. 여러분이 가게에 갔다고 해봅시다. 한국에서 이런 일들이 흔히 일어나는지 모르겠습니다만 서유럽이나 미국의 속물적인 중산 계층의 사람들 또는 지식인들 사이에서는 유기농 제품을 구입하는 것이 큰 유행이 되고 있습니다. 저는 이 상황에 대해 상당히 냉소적인 입장입니다. 가게에 들어가 유기농으로 재배된 사과를 보았다고 합시다. 보통 그런 사과는 흠집이 나 있습니다. 유전공학적으로 변형된 좋은 사과에 비해 모양새도 훨씬 더 못 생겼습니다. 그런데도 더 비쌉니다. 그렇지만 여러분은 그 흠집 많고 못생긴 사과를 삽니다. 왜일까요? 그런 행동으로 환경에 무엇인가 좋은 일을 하게 될 것이라고 정말로 믿기 때문에? 저는 그렇게 생각지 않습니다. 제 생각에 여러분이 그렇게 하는 근본적인 이유는 그런 행동으로 기분이 좋아지기 때문입니다.

이는 곧 여러분이 약간의 죄의식을 느끼고 있다는 뜻이기도 할 텐데 '이런 세상에, 우리가 환경을 얼마나 손상시킨 거지,' 이렇게 말하면서 값싼 출구를 찾고 있는 셈입니다. 그런 다음에는 혼자 이렇게 생각합니다. '멋지지 않아? 내가 이 사과를 샀다니 말야. 지구를 위해 난 무엇인가를 하고 있다구. 지구를 돕기 위해 사람들이 함께 벌이는 그 거대한 운동의 일부가 된 거야.' 이런 숭고한 감정, 이것이야말로 가장 순수한 형태의 이데올로기에 다름 아니란 얘기입니다. 자선 활동 역시 마찬가지라는 생각입니다. 여러분이 커피를 사는 상황을 한번 가정해봅시다. 커피를 구입할 때, 여기서는 어떤지 모르겠는데, 서구에서는 일상적으로 벌어지곤 합니다. 커피를 구입할 때 사람들은 얼마간의 돈을 기부할 수 있게 돼 있습니다. 이는 심지어 개별화와 유사해보일지도 모르겠습니다. 큰 행사를 통해 아프리카의 고아와 관계를 맺고, 매달 아니면 1년에 한 번 그 아이에게 20달러나 그보다 적은 돈을 부쳐주는 것입니다. 그러면 그 아이로부터 편지와 사진을 받아볼 수 있는 상황 같은 것들이 이어집니다. 이런 모든 일들은 사람들을 기분 좋게 만들어줍니다. 무엇인가 하고 있다는 생각이 드는 것입니다. 멋지지 않습니까? '난 거기 아이들의 얼굴까지 알아' 하는 식으로 말입니다. 제가 보기에, 이는 말 그대로 손쉬운 탈출구를 여러분에게 제공해주는 경우에 지나지 않습니다. 여러분은 여러분의 삶을 정말로 전혀 변화시킬 필요가 없으니, 이야말로 손쉬운 탈출구 아니겠습니까? 저는 이것이 미신적 사유의 예가 될 수 있다고까지 생각합니다. 이런 미신적 사유가 오늘날의 사회에서 가지는 힘을 절대 과소평가해서는 안 됩니다. 여기 한국에서도 저는 이런 미신적 사유의 예를 봤습니다. 제가 묵는 호텔의 엘리베이터를 타고 내려오는 중에 발견한 것인데, 실망스럽게도 여러분 역시 미국 사람들과 마찬가지로 어리석은 짓을 하고 있었습니다. 적어도 이 호텔, 하얏트 호텔에서는 그랬습니다. 아마 외국인들이 많이 묵는 호텔이라 그런지도 모르겠는데, 그랬으면 좋겠습니다만, 이 호텔에도 13층이 없습니다. 12층과 14층만 있습니다. 정말로 13이라는 숫자에 대해 의식적으로 어떤 두려움을 느낀다면 여러분들은 무엇인가 바보 같은 짓을 하고 있다는 생각을 해야 합니다. 12에서 14로 넘어감으로써 여러분은 도대체 누구를 속이고 있는 것입니까? 여러분이 그냥 넘어간다고 해도 신은 이미 14가 사실은 13이라는 것을 너무나 잘 알고 있을 텐데 말입니다. 제가 무슨 말을 하려는지 여러분께서는 잘 아실 것입니다. 하지만 그럼에도 불구하고 여러분은 이런 놀이를 계속하는 중입니다.

오늘날 이데올로기는 바로 이런 식으로 작동하고 있다고 생각합니다. 그것을 꼭 믿을 필요는 없습니다. 하지만 그럼에도 불구하고 우리는 여전히 마치 우리가 그것을 믿고 있는 양 행동해야 합니다. 제가 여러 책들에서 언급했던 예를 다시 사용해 미안하긴 합니다만, 이데올로기를 설명하기에 이보다 더 완벽한 예는 없다 싶어 다시 한 번 이야기해보려 합니다. 코펜하겐 외곽에 살고 있는 양자물리학자 닐스 보어Niels Bohr에 대한 얘기입니다. 한 과학자가 그를 찾아갔다가 찾아간 집 현관에 걸린 말의 편자를 보게 됩니다. 여기 한국에서는 어떤지 모르겠는데, 유럽에서는 현관문 위에 편자를 걸어놓아 악령들이 집에 들어오지 못하도록 하는 미신이 있습니다. 어쨌든 이를 본 보어의 친구는 보어한테 이렇게 묻습니다. '너 과학자잖아? 미쳤냐. 거기에 왜 그것을 걸어놨어. 그것을 믿는 거야?' 보어가 이런 질문에 어떻게 대답했을 것 같습니까? 그는 이렇게 완벽한 대답을 내놓습니다. '나 바보 아냐. 물론 안 믿지. 하지만 믿지 않는다고 해도 효과가 있다길래 거기에 걸어놨을 뿐이야.' 오늘날의 이데올로기란 바로 이런 것입니다. 정의니 민주주의니 하는 것들을 굳이 믿을 필요는 없습니다. 하지만 우리가 그것을 믿지 않는다 해도 그것은 어떤 식으로든 작동하고 있다고 생각하는 것입니다. 여기 우리가 속한 체제/시스템 속에, 아마도 우리 일상 생활을 지배하는 이데올로기 속에 이런 형태의 미신이 존재하는 것인지도 모릅니다. 미신이란 단어가 그리 적절한 단어는 아닐 수도 있겠습니다. [달리 말하자면] 믿음의 물질성 같은, 그런 것 아닐까요? 문자 그대로 믿지 않으면서 믿을 수 있는 그런 것. 미안하지만 제가 예전에 쓴 책에서 또 다른 예를 끌어와 볼까 합니다. 이번에도 완벽한 예가 될 수 있을 듯합니다. 미국이 세계 문화에 공헌한 가장 위대한 업적 아닐까 하는 생각도 드는데, 이른바 '녹음된 웃음소리'가 바로 그것입니다. 〈치어스Cheers〉나 〈프렌즈Friends〉처럼 바보 같은 미국 시트콤 시리즈들의 경우가 그렇습니다. 텔레비전이 여러분을 위해 웃어줍니다. 웃음이 사운드트랙에 포함되는 것입니다. 저는 이것이 정말 멋진 고안물인 것 같은데, 한번 상상해봅시다. 저는 여러분, 한국인들이 굉장히 근면한 사람들임을 잘 알고 있습니다. 여러 학자들이 주장하는 대로 말입니다. 여러분들이 완전히 피곤에 절어 저녁 7~8시쯤 귀가했다고 가정해봅시다. 아마도 여러분은 편히 쉬고 싶을 것입니다. 텔레비전을 틉니다. 피곤한 여러분은 바보처럼 화면을 멍하니 바라보고 있는데, 피곤한 여러분을 위해 텔레비전은 웃어주기까지 합니다. 여러분한테는 어떨지 모르겠습니다만, 제게는 상당히 효과를 거두고 있잖나 합니다. 텔레비전이 웃어주고 난 뒤 저는 정말로 마치 제가 웃은 것처럼 기분이 편안해진단 말씀입니다. 텔레비전이 여러분을 위해 웃어줄 수 있다는 것, 이런 기제가 그저 괜찮은 농담거리만 만드는 것은 아닙니다. 우리의 믿음이 기능하는 방식을 보여주고 있다는 생각이 들어섭니다만, 우리는 사실 믿지 않습니다. 아무도 믿지 않습니다. 사람들은 모두 냉소적인 척합니다. '뭐 상관없어. 삶은 잔인한 거야. 그저 섹스와 돈, 권력뿐이지'라면서 말입니다. 사람들은 믿지 않습니다. 하지만 그들의 믿음을 간파할 수 있는 방법이 있습니다. 사람들은 보통 자기를 위해 믿어줄 또 다른 사람이 필요합니다. 정신분석학 용어로는 '믿는다고 가정되는 주체' 정도 될 것입니다. 다시 말하지만 이러한 범주는 오늘날에 와서 절대적으로 중요해졌습니다. 적어도 제가 나고 자란 나라에 살고 있는 대부분의 사람들처럼, 사람들은 애국자가 아닙니다. 그들은 이렇게 말합니다. '[애국 같은 것이 나하고] 뭔 상관이라니?' 하지만 그럼에도 불구하고 여러분이나 제가 그들의 나라를 주제로 농담을 할 경우 별로 좋아하지 않습니다. 그러면 여러분은 '왜, 농담 좀 하면 안 돼?'라고 그들에게 되물을 것입니다. 그럼 그들은 이렇게 대답합니다. '그게 말야, 우리 아들 때문에 그래. 그 애는 아직 이해 못 할 거야. 그래서 그냥 그런 척이라도 해야 한다구.' 유럽에서 흔히들 산타클로스라고 부르는 친구에 상응하는 상황이라고 할 수 있겠습니다. 빨간색 옷을 입고 아이들에게 선물을 가져다주는 바로 그 바보 같은 친구, 산타클로스 말입니다. 여기서도 멋진 구조가 엿보이지 않습니까? 부모한테 '저기, 산타클로스

정의니 민주주의니 하는 것들을 믿을 필요는 없습니다. 하지만 우리가 그것을 믿지 않는다고 해도 그것은 어떤 식으로든 작동하고 있다고 생각하는 것입니다. 여기 우리가 속한 체제 속에, 아마도 우리 일상 생활을 지배하는 이데올로기 속에 이런 형태의 미신이 존재하는지도 모릅니다. 미신이란 단어가 그리 좋은 단어는 아닐지 모르겠습니다. 믿음의 물질성 같은, 그런 것 아닐까요?

를 믿으세요?'라고 물으면 그들은 '(웃으면서) 전 바보가 아니랍니다. 물론 안 믿습니다. 제가 선물을 사는 걸요'라고 대답합니다. 그럼 아이들에게 똑같은 질문을 던지면 어떤 대답을 하겠습니까? 이렇게 답하곤 합니다. '물론 안 믿어요. 바보 아니거든요 저도. 그런데 믿는 척해야 해요, 우리 부모님을 실망시키지 않으려면.' 여기서 우리는 믿음이, 아무도 믿지 않지만 바로 그 믿음이 사회적 연결 고리로서 기능하는 것을 목격하게 됩니다. '믿고 있을 것이라 가정되는 바로 그 주체' 또한 전적으로 상상에 의해 만들어진 존재자일 수도 있습니다.

제가 과거에 직접 경험했던 사건에 대해 한번 이야기해볼까요? 공산주의 체제의 유고슬라비아에서 실제로 있었던 일입니다. 역사적으로 확인된 상황이기도 합니다. 어느 날 갑자기 화장실 휴지의 공급 물량이 충분치 않다는 소문이 퍼지기 시작합니다. 당시 대부분의 사람들은 화장실 휴지가 정상적으로 소비될 경우 물량 부족으로 고통받을 일은 없으리라는 것, 다시 말해 그런 소문이 뜬소문에 불과하다는 것을 잘 알고 있었습니다. 하지만 우리는 각자 또 이렇게 추론하기 시작합니다. '그냥 소문에 불과하다는 것을 알아. 그렇지만 어떤 바보 같은 사람들이 이 소문을 진지하게 받아들여 필요 이상으로 엄청난 양의 휴지를 사재기하면 어떡하지?' 이렇게 해서 실제로 화장실 휴지의 물량이 부족해지게 됩니다. 이런 상황, 화장실 휴지가 떨어지는 상황을 피하려면 지금 가서 사두는 편이 낫겠다, 이렇게들 생각한 것입니다. 그리고 충분히 많은 사람들이 이렇게 했을 때 실제로 화장실 휴지가 부족해지는 상황이 닥치게 됩니다. 이 상황에 숨어 있는 역설이 보이십니까? 화장실 휴지가 부족하다는 것을 믿는 사람은 정말 아무도 없었습니다. 그저 우리는 그런 소문을 믿을 정도로 바보 같은 사람들이 있을 것이라 생각했을 따름입니다. 바로 이것이 오늘날 우리가 처한 상황에선 절대적으로 중요합니다. 보수주의자들은 이렇게 말할 것입니다. 우리가 쾌락주의의 시대, 사람들이 아무 것도 믿지 않으며 또 자신의 삶을 희생할 준비도 안 돼 있는, 그저 자신의 쾌락만 생각하는 시대에 진입했다고 말입니다. 저는 이들 보수주의자의 주장이 완전히 틀렸다고 생각합니다. 우리는 이전 어느 때보다도 더 믿고 있습니다. 문제는 그것이 대상화되고 소외된 방식으로 이뤄진다는 데 있습니다. 물론 일인칭인 '우리'는 믿지 않습니다. 그러나 우리는 우리의 믿음을 다른 사람의 탓으로 돌리는 식으로 여전히 믿고 있습니다. 믿음은 여전히 그 기능을 수행하고 있는 셈입니다. 여기에 덧붙일 것이 있는데, 유럽의 과학자들이 이른바 원시 부족들을 만났을 때 그들이 완전히 틀렸던 것도 바로 이런 것입니다. 부족 사람들이 자신의 토템이 이를테면 물고기나 독수리, 아니면 새 같은 것이라 말했다고 한번 가정해봅시다. 유럽인들은 이 말을 듣고 부족 사람들이 정말로 토템을 믿고 있다고, 다시 말해서 자신들의 기원이 새라고 믿을 정도로 이들 부족이 어리석다고 생각합니다. 하지만 저는 이를 분석한 글을 읽었는데, 그에 따르면 이런 원시 부족들을 방문한 어떤 사람이 그들에게 '당신 부족 사람들은 조상이 그 토템 새라고 정말로 믿는 것입니까?'라고 물었답니다. 이 질문에 그들이 어떤 답을 했는지 궁금하지 않습니까? 이렇게 대답합니다. '아닙니다, 사실 우린 그렇게 믿지 않습니다. 하지만 사람들이 다 그렇게 말하는데, 아니 듣기로는 종조부쯤 되는 분이 그것을 믿었다고 합니다.' 옛날 어느 한때 믿었다는 것이란 얘기입니다. 문화적 인종(차별)주의에서 벗어나는 첫 걸음은 아무도 믿지 않는다는 점을 인정하는 데서 시작된다고 저는 생각합니다. 믿는 바보가 있다면 그 바보는 다른 사람들이 아니라 바로 우리 자신일 것이라는 말입니다.

논의가 다른 데로 빠지기 전에 한 가지 예만 더 얘기해보겠습니다. 그리고 본론으로 돌아가도록 합시다. 문화적인 소통 불가능을 가장 순수한 형태로 보여주는 예입니다. 여러분이 이미 다 알고 계실지 모르겠지만, 제 생각엔 정말 멋진 예라 한 번 더 얘기하도록 하겠습니다. 19세기 중반 즈음, 아마 독일인이었던 것 같은데, 이들 독일 인류학자들이 북기니North Guinea 중부 지역의 한 부족을 찾아갔답니다. 이 부족 사람들이 어떤 끔찍한 형태의 죽음의 춤을 출 줄 안다고 들었던 것입니다. 이 부족을 방문한 이유도 거기 있었습니다. 인류학자들은 저녁에 그 곳에 도착했고, 이런 저런 몸짓을 해가면서 끔찍하고 무섭지만 유명한 그 죽음의 춤을 보고 싶다는 생각을 부족 사람들에게 전합니다. 그런 다음 잠자리에 듭니다. 다음 날 일어났을 때 그들은 부족 사람들 중 몇몇이 추는 그 춤을 볼 수 있었습니다. 부족 사람들의 춤에 만족한 인류학자들은 그 춤에 대한, 또 죽음에 대한 원시적 매혹 등을 말하는 인류학적 보고서를 쓴 뒤 그 곳을 떠납니다. 불행히도 20년 뒤에 또 다른 탐험대가 이 부족을 다시 방문하는데, 첫 번째 탐험대가 방문했을 때 정말로 어떤 일이 있었는지 묻게 됩니다. 두 번째로 방문한 탐험대는 이전 탐험대에 비해 그 부족 사람들이 사용하는 언어를 보다 적절하게 이해할 수 있었기 때문에 과거 사건의 전말을 다 알아냅니다. 첫 번째 탐험대가 찾아왔을 때 이 부족 사람들은 이 외지인이 정말로 원하는 것이 무엇인지 알아내려 무진장 애를 썼답니다. 그리고 결국 탐험대 사람들이 정말 우스꽝스러운 죽음의 춤을 보고 싶어 한다는 것을 알아낸 것입니다. 그래서 부족 사람들은 밤새도록 모여 그 춤을 만들어냅니다. 외국인을 정중하게 환대해야 한다는 생각으로 말입니다. 그러니까 그들은 외지인들을 위해 친절을 베풀려고 이 춤을 만들었던 것입니다. 어떤 상황인지 아시겠습니까? 바보 같은 백인들이 진정한 원시적 공포라고 생각했던 바로 그것이 실은 정중하게 외지인을 맞이하기 위해 만들어졌던 것입니다. 여기서 또한 우리가 정말로 정확해야 하고 신중해야 하는 부분은 소위 원시적 본래성authenticity이라고 하는 부분입니다. 여기 한국에서도 소개됐는지 잘 모르겠는데, 정말 멋진 에스키모, 이누이트 부족 영화가 있습니다. 〈패스트 러너The Fast Runner〉라는 것인데, 오래된 에스키모 신화에 대해, 두 부족 간의 싸움에 대해 다시 이야기하는 영화입니다.[6] 17세기까지 거슬러 올라가는 원래의 신화 속에서는 대파국의 형태로 결말이 납니다. 두 부족 간에 싸움

6 이글루 근처 동북극 지대를 무대로 고대 에스키모들의 구전 설화를 재구성한 다큐멘터리 영화. 원제는 〈아타나주아: 빠르게 달리는 자 Atanarjuat: The Fast Runner〉. 이누이트 족 출신 캐나다인 제카리우스 크눅 감독의 2001년도 작품. 2003년 부산국제영화제 초청상영작이기도 했던 이 작품은 같은 해 백두대간에서 수입, 배급해 원제대로 개봉됐다.

이 일어나고 모두가 죽는 결말인 것입니다. 그런데 새롭게 만들어진 이 판본에서는 두 부족 사람들이 두 명의 나쁜 사람을 내쫓은 다음 화해하는 것으로 끝이 납니다. 한 백인 기자는 감독에게 이렇게 묻습니다. '왜 당신들의 신화를 상업화하려 합니까? 왜 원래의 이야기를 고수하지 않습니까? 원래의 문화가 가진 본래성을 지켜야 하지 않습니까?' 그러나 감독은 정말 멋진 대답을 내놓습니다. 그의 대답은 이랬습니다. '아닙니다. 같은 이야기를 똑같이 반복하지 않고 새로운 상황에 맞춰 바꾸는 것이 우리의 원래 문화, 본래성을 지키는 방식입니다.' 그들은 이렇게 말하고 있는 셈입니다. '바로 이것이 우리의 전통입니다. 본래성이란 것, 기원이라 할 만한 원래의 것에 집착하는 것은 당신네 바보 같은 유럽인들 아닙니까.' 저 역시 늘, 여기 한국에서도 길거리나 택시, 아니 모든 곳에서 '진짜 원조 한약' 같은 것을 판다고 광고하는 상점들을 볼 때면 이런 생각을 합니다. 제 생각에 그들은 정말 똑똑히 않았나 합니다. 뉴질랜드에서는 이런 얘기도 들은 적 있습니다. 그 곳의 마오리족 원주민들은 뉴욕에 몇 사람을 뽑아서 보낸답니다. 새로운 유행에 대해 살피고 시장이 무엇을 원하는지 파악하게 하려고 말입니다. 그리고 난 다음 그는 마오리 '본래의' 화가들에게 조사한 사항을 알려주고, 이 화가들은 재빨리 스타일을 바꿔 새로운 것을 만들어내게 됩니다. 언뜻 보기에 본래성을 오염시키는 듯한 태도가 이렇게 해서 훨씬 더 본래적인 것이 되는, 어떤 기원적인 본래성에 고착되는 것보다 더 본래적인 것이 되는 역설을 목격할 수 있습니다.

이제 다른 얘긴 그만하도록 합시다. 몇 가지 예를 통해 저는 이 믿음의 구조, '믿는 것을 믿는' 구조가 왜 그렇게 중요한지 설명하고 싶었을 따름입니다. 오늘날의 자본주의에 대해 좀더 알고 있다면 미래와 관련된 투자, 투기 같은 것들이 모두 이런 믿음, 다시 말해 믿음에 대한 믿음을 통해 유지된다는 것을 이해할 수 있을 것입니다. 주식시장 같은 곳에서 미래를 상대로 내기를 할 때 상황은 상당히 복잡해집니다. 사람들은 앞으로 2년 뒤에 무엇을 믿게 될까 생각하려 하지 않습니다. 그런 식으로 생각해 가면서 투자하지 않습니다. 오히려 사람들은 지금부터 2년 뒤에 사람들이 무엇을 믿게 될 것인지를 생각하는 다른 사람들의 생각에 대해 추론하려고만 합니다. 여기서 저는 무엇인가 끔찍한 것을 목격하게 되는데, 이렇게 부를 수 있을 것입니다. 전지구적 자본주의라는 사회체계가 지닌 허약함이라고 말입니다. 이 체계는 믿음, 다시 말해 믿음을 믿는 데 지나치게 의존하고 있습니다.

다시 한 번 말하지만 저는 심리학적 관념론자가 아닙니다. 객관적 현실은 없고, 그저 믿음 같은 것들만 있을 뿐이라고 말하려는 것이 아니라는 것입니다. 문제는 이러한 믿음들이 물질적 믿음들이라는 데 있습니다. 그런 믿음들이 우리의 행동들 속에서 물질화된다는 것인데, 이것이 바로, 제가 늘 주장하는 것처럼 우리가 맑스에게로, 오늘날 정말로 유용한 개념이 될 수 있는 그의 상품물신주의로 돌아가야 하는 이유입니다. 맑스는 우리가, 그 자체로 물신인 시장이, 현실에 맞지 않는 무엇인가를 믿고 있다고 주장하지 않기 때문입니다. 맑스는, 우리가 스스로 의식하지도 못하는 믿음들을 실행하고 있다고 주장합니다. 전형적인 자본주의자라면 그는 전적으로 냉소적인 리얼리스트이리라는 것입니다. 하지만 시장에서 거래를 할 때 그는 믿음을 실행합니다. 다시 말해 그는 그가 생각하는 바가 아니라 그가 하고 있는 바를 믿고 있는 셈입니다. 정말로 멋진 변증법적 개념이 바로 이 물질화된 믿음 아닌가 싶습니다. 여러분이 생각하고 있는 것이 아니라 당신의 실행 속에서 구체화되는 믿음으로서 말입니다. 덧붙여서 말하면 요즘 은행의 임원들이나 투자전문가들, IT산업 자본가들 사이에서 일종의 유사동양적 정신주의pseudo-oriental spiritualism라 할 수 있는 선불교 같은 것이 인기인 이유 역시 이런 맥락에서 설명될 수 있을 것입니다. 여러분들도 알고 계시지요? 그들 사이에서 가장 인기 있는 정신적 경향이 막연하게 동양적이라고 할 만한 불교풍의 정신주의라는 점이 흥미롭지 않습니까? 이것이 그렇게 인기를 누리는 이유가 무엇이겠습니까? 그들이, 우리 사회 현실이 함축하는 취약성을 누구보다도 잘 인식하고 있기 때문이 아닐까요? 성공한 사람들이, 현실이 무엇인지 믿으려고도 하지 않는 그들이 믿기 시작하는 어떤 경제적 방침이 있습니다. 사람들은, 다른 사람들이 어떤 것을 믿고 있다고 믿기 시작합니다. 그리고 이렇게 되면 모든 것이 붕괴될 수도 있습니다. 물론 이는 존재론적 취약성, 다시 말해 외양들만으로 벌어지는 게임 같은 현실, 이런 것과 비슷합니다. 이 역시 불교의 가르침 속에서 발견할 수 있습니다. 제 생각엔 옛 개념들이 다시금 새롭게 실제성을 획득하는 과정인 초기능화trans-functioning 또는 재기능화re-functioning가 이데올로기의 작동 방식을 보여주는 좋은 예인 듯합니다. 불교의 존재론, 순야타Śūnyatā[7]나 공空, 아니면 무의 존재론을 떠올려도 좋을 것 같습니다. 우리의 현실은 외양들로, 겉모습들로만 이루어진 게임일 뿐이라는 얘기입니다. 그리고 여러분은 이런 존재론이 가장 현대적인, 아니 심지어 포스트모던적이라고 할 만한 전지구적 자본주의의 경험과 얼마나 잘 들어맞는지 알 수 있을 것입니다. 이제 그 미신이란 개념으로 돌아가볼까 합니다. 오늘날 생태학과 관련해서 정말로 받아들이기 어려운 것은 우리의 책임감을 인식하기 어렵다는, 다시 말해 우리가 자연을 파괴하고 있다는 사실을 깨닫기 어렵다는 그런 차원이 아닙니다. 아마도 문제는 자연이 사실 우리에게 의존하고 있지도 않다는 것을 깨닫기가 더 어렵다는 데 있잖나 합니다. 라스 폰 트리에Lars Von Trier의 새 영화 〈멜랑콜리아Melancholia〉[8]의 정말로 끔찍한 마지막 장면을 한번 봅시다. 세계가 종말을 맞이합니다. 우리가 할 수 있는 일은 아무 것도 없습니다. 소규모의 생태학, 이런 소규모의 생태학적 사고에 의해 움직이는 삶의 스타일, '너 콜라 캔 그냥 버렸어, 아님 재활용했어? 신문들은 모두 재활용하니?'와 같은 끊임없는 초자아의 압박, 이런 것들의 80퍼센트는 미신적 행동들로 고려될 수 있을 것입니다. 그런 행동들이 좋지 않거나 중요하지 않다고 말하는 것이 아닙니다. 저 역시 그런 행동들을 합니

7 불교 용어인 한자어 '공空'으로 번역되는 산스크리트어 'शून्यता'의 음차.

8 '멜랑콜리아'라는 행성과의 충돌로 임박한 지구의 종말과 만성 우울증으로 주인공이 맞이한 심리적 종말을 나란히 엮어 현대자본주의 사회 특유의 억압과 그 너머를 탐색하려 한다. 드라마 〈킹덤〉 시리즈와 장편영화 〈유로파〉, 〈브레이킹 더 웨이브〉, 〈어둠 속의 댄서〉, 〈도그빌〉, 〈만덜레이〉로 널리 알려진 덴마크 출신 라스 폰 트리에의 2011년도 감독 작품.

다. 제가 주장하고 싶은 것은 그것이 정말로 문제인 것들, 훨씬 더 큰 규모의 문제들을 피하는 방법이 되고 있다는 것입니다. 코카콜라 캔을 재활용한다고 지구를 구할 수 있는 것은 아닐 것입니다. 아마도 우리의 생산 양식을 완전히 바꿔야 지구를 구할 수 있을 것입니다. 제가 하려는 말을 이해하시겠습니까? 일상 생활 속 미신의 또 다른 예가 될 만한 이런 이상한 현상들에 대해 알고 있는지 모르겠습니다만, 집에서 텔레비전으로 축구든 농구든 스포츠 경기를 보고 있다고 합시다. 집에, 그것도 텔레비전 앞에 친구와 함께 앉아 있으면서도 여러분은 소리지르며 응원합니다. 그렇게 해서 여러분이 좋아하는 팀을 도울 수 있는 것처럼 말입니다. 일상 생활 속에서 순수하게 드러나는 주술적 사유의 예가 아닌가 합니다. 여러분은 이성적으로는, 여러분이 내는 응원 소리를 그들이 듣지 못할 것이라는 점을 잘 알고 있습니다. 하지만 그럼에도 불구하고 여전히 응원을 합니다. 코카콜라 캔 재활용도 이와 약간 비슷하다는 생각입니다. 여러분이 다 알고 있는, 제가 자주 써먹던 예를 또 하나 꺼내보겠습니다. 안타깝게도 여기 한국에도 스타벅스가 있습니다. 스타벅스가 제겐 가장 좋은 예가 될 수 있습니다. 스타벅스의 출발점이, 우리가 소비자로서 별로 좋지 않은 감정을 느끼도록 하는 데 있기 때문입니다. 한국에서는 어떤지 모르지만 유럽이나 미국에서 스타벅스는 그들이 사회에 대해 얼마나 염려하고 있는지 광고를 합니다. 이를테면 그들은 소비자들이 카푸치노 한 잔을 사마실 때마다 2센트의 돈이 기아에 허덕이는 소말리아 어린이에게로 가게 된다고, 또 2센트는 열대 우림을 보호하는 데 쓰이게 된다고 말합니다. 정말 멋진 자본주의적 해결책이란 생각이 들지 않습니까? 상품의 가격 속에 소비자 보호를 위한 비용을 포함시키고 있으니 말입니다. 그들은 이렇게 말하고 있는 셈입니다. '소비자가 됐다는 이유로, 너무 많은 돈을 쓰고 있어서 기분이 좋지 않으십니까? 걱정 마세요. 조금만 더 내세요. 이로써 당신은 건전한 소비를 위한 돈을 낸 셈이 될 테니까요.' 이런 모든 믿음, 마술적 사유의 현상들과 관련해서 우리가 꿈을 꾸고 있는 것이 아니란 말씀을 드리고 싶습니다. 위기에 직면한 오늘날의 자본주의를, 자본주의가 이데올로기의 차원에서 어떻게 작동하고 있는지를 이해할 필요가 있습니다. 이런 모든 것들이 제가 정말로 중요하다고 생각하는 점입니다.

제3강

새로운 열림의 공간을 향하여

다시, '시장근본주의 너머'의 정치를 상상한다는 것

한 걸음 더 나아가보겠습니다. 자본주의 체계가 붕괴의 위협을 받게 되면 무슨 일이 생기겠습니까? 지난 2~3년 간에 걸쳐 자본주의가 적어도 자기 한계를 깨닫기 시작하고 있음을 보여주는 여러 징표들이 나타났습니다. '월스트리트를 점거하라' 운동도 그런 징표 중 하나라는 생각이 듭니다. 아니, 이는 한계에 대한 최초의 인식이라고 할 수도 있을 것입니다. 왜냐하면 그것은 전쟁이나 인종(차별)주의 같은 것에 대한 저항 운동이 아니기 때문입니다. 자본주의 체계 자체에 무엇인가 구조적인 문제점이 있다는 통찰에 근거한 운동이었습니다. 여러분이 마지막으로 한 번만 더 양해해준다면 좌파로서 우리는 여기서 잔인할 정도로 정직해질 수 있습니다. 다음과 같은 의미에서 말입니다. 여러분 중 전통적 의미의 좌파인 분들이 계시다면 별로 좋아하지 않을지 모르겠지만, 어쨌든 한 5년 전쯤에 서구 선진국, 그러니까 자본주의가 적어도 서구 대부분의 지역에서 상대적으로 융성하고 있을 때 사회비판적인 맑스주의 지식인들이 흔히 가진 태도는 이랬습니다.

'그래, 그래. 이건 거짓 번영이야. 기다려봐, 위기가 닥칠 테니. 곧 모든 것들이 붕괴되고 말 거라구.' 그들은 바로 그 대단한 순간을 기다리고 있었던 것입니다. 유럽 사람들이 '카산드라'라고 부르는 인물, 호메로스의 『일리아드』에서 재난을 예언하는 인물의 역할을 하고 있었던 셈입니다. 이제 위기가 닥쳤습니다. 여기 한국은 아닙니다. 여러분은 운이 좋은 편입니다. 브라질이나 싱가포르도 그렇다고 할 수 있습니다. 하지만 적어도 서부 유럽과 미국 같은 데서는 우울한 기운이, 위기감이 감돌고, 대규모 시위 운동들이 벌어지고 있습니다. 그리고 그리스! 좌파는 어디에 있습니까? 어디에도 없습니다. '어디에도 없다'니, 무슨 말입니까? 대규모 시위가 한창 벌어지고 있는 이 때, 어디에도 없다니. 좌파들은 이런 모든 움직임들이 모여 하나의 거대한 제안으로, 우리가 무엇을 해야 하는가에 대한 어떤 제안으로 통합되길 기대합니다. 저는 바로 이 지점에서 좌파가 실패했다고 생각합니다. 우리가 무엇을 해야 할지와 관련된 어떤 대안적 제안을 제가 생각하고 있는 것은 아닙니다. 또 어떤 세부적인 계획들에 대해 말하려는 것도 아닙니다. 물론 우린 이런 일들을 할 수 없습니다. 저는 지금 아주 일반적인 방향에 대해 이야기하려는 것인데 이를테면 이런 것입니다. 우리는 무엇을 원하는가? 지금 우린 무엇을 해야 하는가? 이런 자본주의의 위기는 충격적 사건인 것인가? 아니면 특정한 형태의 자본주의가 겪는 곤경, 한계일 뿐인가? 자본주의를 보다 더 효과적으로 유지하기 위해 우리는 대중을 위한 지출, 의료보험 같은 데 좀더 많은 투자를 할 필요가 있습니다. 만약 우리가 자본주의 바깥에서 움직여야 한다면 이런 일을 어떻게 할 수 있겠습니까? 국가에 의해 중앙집권화된 자산으로 [작동하는 경제로] 돌아감으로써? 분산된 형태의 지역 민주주의로 돌아감으로써? 믿을 수 없겠지만, 저는 그 어떤 대안도, 최소한의 현실적인 제안들도 생각해낼 수 없는 상황입니다. 좌파, 극단적인 좌파로 남아 있는 사람들은 여전히 이런 제안들을 찾으려고 하는 것 같습니다. 메시아적인 상황을 여전히 참을성 있게 기대하고 있는 것처럼 말입니다. 사회민주주의도 아니고 스탈린주의적 공산주의도 아닌, 진정한 노동계급이 마침내 그들의 운명을 실현하고 한데 모여 진정한 혁명 같은 것을 일으키는 그런 순간을 기다리고 있다고 볼 수 있습니다. 그들은 모두 위대한 사건이 일어나기를 참을성 있게 기다리는 것입니다. 저는 이제 그런 사건은 일어나지 않으리라는 것을 인정해야 한다고 생각합니다. 그렇다고 세상일이 지금 같은 식으로 그렇게 똑같이 계속될 것이란 말은 아닙니다. 생태학적 재난이 일어날 것이고, 기아와 대학살, 전쟁이 일어날 것입니다. 하지만 전 세계를 단번에 구원해줄 그런 엄청난 사건은 일어나지 않으리라는 얘기입니다.

이제 사람들의 회의적인 태도, 그러니까 '그냥 지금 상태를 있는 그대로 받아들이면 왜 안 된다는 거지?'라고 묻는 그런 태도에 대해 한번 애기해봅시다. 근본적으로 모든 것이 변화하기를 꿈꾸는 것, 그런 꿈은 불가능한 꿈 아닌가? 사람들은, 무엇이 가능한지 또는 무엇이 불가능한지에 대해 이야기할 때 아주 신중해야 한다고 생각합니다. 이 때 사람들이란 대중 매체를 말합니다. 여기서 우리는 정말 이상한 이중성과 맞닥뜨리게 됩니다. 과학기술과 사적인 쾌락과 관련해서는 거의 어떤 것도 불가능한 것이 없을 정도입니다. 그들은 오늘날 우리가 심지어 상상할 수도 없는 것들을 약속하고 있습니다. 점점 더 많은 것들이 가능해지고 있는 상황입니다. 궁극적으로 그들의 꿈은 신비주의적 디지털 기술일지 모릅니다. 우리가 소프트웨어 프로그램으로 바뀌는 것입니다. 그리고 세포들을 이쪽 하드웨어에서 저쪽 하드웨어로 구현함으로써 불멸할 수 있게 될지도 모릅니다. 복합 성욕과 관련된, 거의 제 정신이 아닌 것 같은 꿈들도 있습니다. 뉴욕에서 실제로 이런 일을 하는 의사를 만나 이야기해본 적도 있었습니다. 의사가 남자들의 성기를 둘로 쪼개줄 수 있고, 이렇게 되면 두 여자와 그것을, 원하는 것이라면 무엇이든 할 수 있게 되는 것입니다. 이런 모든 것이 가능해질 수 있습니다. '클로닝'[유전자복제술]을 통해 신체 기관들을 키울 수도 있습니다. 정말 얼마 안 있으면 다른 행성에 갈 수도 있을 것입니다. 사적인 쾌락의 측면에서나 과학기술의 측면에서나 아무 문제가 없습니다. 모든 것들이 가능해지고 있습니다. 그렇지만 불멸이 가능해질지도 모르는, 또 신체기관들을 모두 바꿀 수 있을지도 모르는 이상한 세계 속에서 우리는 건강관리에 2퍼센트의 돈도 더 쓸 수 없고, 또 경쟁 상황에서도 패배하고 있습니다. 한편으로는 과학기술 영역과 사적 생활 영역에서 불가능하던 것이 점점 더 가능해지는 반면, 다른 한편으로는 아주 온건한 사회적 변화조차 구현 불가능한 유토피아적 염원이라 여겨져 (대재난이 초래될지도 모른다든가 전쟁, 아니 경찰 테러라는 대가를 치를지도 모른다고들 하며) 즉각적으로 제거돼버리는 상황. 이런 상황을 이해하시겠습니까? 아마도 이것이 오늘날의 이데올로기를 보여주는 가장 분명한 예일 것입니다. 이데올로기는 우선 '이걸 믿어'라고 말하는 대단한 교훈 같은 것이 아닙니다. 이데올로기, 그것은 좀더 정확하게 말해 우리의 삶을 지배하는 자동구조, 말하자면 어떤 것은 가능하게 만들고 또 다른 것은 생각할 수도 없게 만드는 정신 공간일 따름입니다.

제가 보기에 오늘날의 문제는 바로 여기 있습니다. 제가 손쉬운 해결책을 받아들이고 싶지 않은 이유도 말입니다. 다시 말해 '그래 이쯤에서 그만 두자' 식의 해결책, '그냥 지금 상태에 만족하면서 조금씩 온건하게 정당화시켜나가자' 하는 식의 해결책 말입니다. 이런 맥락에서 보면 저는 정말 굉장한 염세주의자입니다. 이미 말했다시피 후쿠야마의 꿈은 이미 끝났다고 저는 생각합니다. 우리는 가까이 가고 있습니다. 이를테면 얼마 전 후쿠시마에서 벌어진 대재난보다 2~3배는 더 강력한 생태(학)적 재난, 핵으로 인한 재난 같은 것들이 일어날 수 있는 시점으로 다가가고 있습니다. 이에 대한 해결책은 사회 전체를 변화시키기 위해 사람들 수천 만 명을 이동시키는 것이 될 것입니다. 도대체 이런 일을 누가 하게 되겠습니까? 그런 일이 어떻게 이뤄질 수 있겠습니까? 그냥 유전공학에 대해 한번 생각해봅시다. 정말 멋지긴 합니다. 하지만 정말로 무슨 일이 벌어지고 있는지 우리는 알고 있습니까? 어떤 유토피아적인 미래라고 단순히 말하기는 어려울 것입니다. 최근에 아주 기초적인 차원에서는 그런 일들을 점점 더 많이 해내고 있지만 말입니다. 주로 무슨 일을 하고 있는지 아십니까? 유전공학뿐만

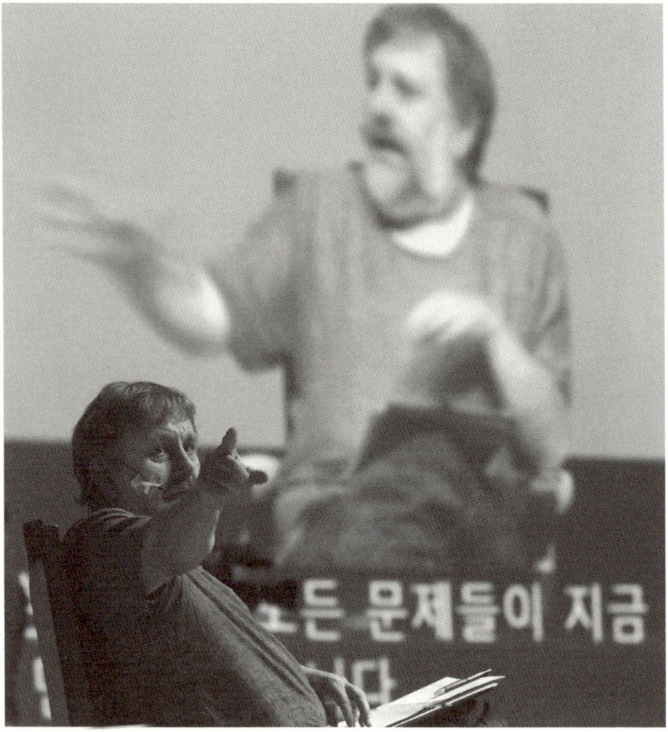

한편으로는 과학기술 영역과 사적 생활 영역에서 불가능하던 것이 점점 더 가능해지는 반면, 다른 한편으로는 아주 온건한 사회적 변화조차, 구현 불가능한 유토피아적 염원이라 간주되어 즉각적으로 제거돼버리는 상황. 아마도 이것이 오늘날의 이데올로기를 보여주는 가장 분명한 예일 것입니다. 이데올로기, 그것은 좀더 정확하게 말해 어떤 것은 가능하게 만들고 또 다른 것은 생각할 수도 없는 것으로 만드는 정신 공간에 다름아닌 것입니다.

아니라 그 밖의 다른 방식들은 우리의 심리적 자질들, 다시 말해 자존감과 같은 것에 영향을 미치고 있습니다. 제 말을 못 믿겠다면 강연이 끝난 뒤에 'Google DARBA'에 한번 들어가 보시기 바랍니다. 농담이 아닙니다. 그것은 CIA에서 지원하는 프로그램인데, 정말 끔찍합니다. 희화화하려는 것이 아니라, 그것은 정말 어떤 목표를 가진 프로그램입니다. 그리고 그 목표라는 것은 유전공학적으로 뇌에 직접 개입해서 서사 구조나 신념들을 변화시키는 방법을 찾는 데 있습니다. 예를 들어 이슬람 근본주의를 믿기 시작하고 나서 테러리스트가 된 사람이 있다고 해봅시다. 이슬람 근본주의를 받아들이게 될 때 그의 뇌 속에서 무슨 일이 일어나는지 관찰합니다. 그리고 그의 신념을 변화시켜보는 것입니다. 이데올로기 작업이나 세뇌 같은 방식이 아니라 (세뇌는 그래도 자동적이고 반복적인 논쟁으로 뇌를 씻어내는 작업이지만) 뇌에 직접 외과적 수술을 가하거나 화학적인 수단을 동원해서 그의 신념을 바꾸어 보는 것입니다. 정말 끔찍한 목표 아닙니까? 제가 무슨 말을 하려는 것인지 아시겠습니까? 이데올로기적 투쟁의 의미 자체가 완전히 바뀌는 상황인 것입니다. 더는 이데올로기적이라고 할 수 있는 것이 아닙니다. 그저 '나는 네 신념이나 확신을 네 정신 속 뉴런과 연관된 과정으로 축소시켜, 네게 직접 영향을 주려고 해'라고 한다는 것입니다. 제가 이것을 단순히 비난하고 있다고 생각하진 마셨으면 합니다. 전 그저, 아마도 여러분의 미디어 속에도 이미 있을지 모른다는 이유에서 이것이 미친 생각이라는 점을 지적하고 싶을 뿐입니다. 예를 들어 이미 우리는 컴퓨터로 여러분의 뇌 속에 존재하는 근원적인 질서를 읽어낼 수 있습니다. 여러분이 완전히 불구가 된다고 해도 스티븐 호킹한테 필요했던 것과 같은 장치, 그러니까 손가락을 움직여서 작동하는 기계 같은 것이 더는 불필요해지리라는 뜻입니다. 일단 여러분의 뇌를 컴퓨터와 연결시키기만 하면, 여러분이 '앞으로'라고 생각하면 여러분 몸은 앞으로 나가게 되고, '왼쪽으로'라고 생각하면 왼쪽으로 갈 수 있게 될 테니 말입니다. 멋지지 않습니까? 마치 신이 된 것 같은 느낌도 들고, 생각만으로 모든 것을 움직일 수 있으니 말입니다. 제가 여러분에게 어두운 미래를 보여주고 있다고 생각할 것은 없습니다. 그저 무엇인가 엄청나게 중요한 일이 벌어지고 있음을, '인간이 된다는 것은 도대체 무슨 의미인가?'라는 질문에 영향을 미칠 무엇인가 중요한 일이 벌어지고 있음을 지적하고 싶은 것뿐입니다. 우리가 인간으로서 가진 기본적인 정체성이 바로 여기서 어떤 한계를 보여주고 있습니다. 이렇게 한번 정리해보겠습니다. '저는 여기에 제 생각으로 존재하고, 현실은 저기 바깥에 있다. 여러분은 어떻게든 여러분이 원하는 식으로 나를 고문할 수 있다. 그렇지만 제 생각은 여전히 자유로운 상태로 남는다.' 만약 이런 경계가 무너진다면 무슨 일이 벌어지겠습니까? 누가 이런 경계를 통제하는 것입니까? 어떻게 말입니까? 이것은 정말 엄청난 문제들입니다. 그리고 다시 한 번 말하지만, 제 생각에는 오늘날의 전지구적 자본주의가 적절하게 마주할 수도, 다룰 수도 없는 문제들입니다. 이데올로기는 단순히 거짓말이라 할 수 없는 것이기 때문입니다.

이데올로기는 실제 문제들을 다루되 허위의 방식을 통해서 그렇게 합니다. 예를 들어 적어도 제가 보기에 생태학은, 여러분이 그것을 어떤 값싼 뉴에이지 정신주의로 번역한다면 이데올로기가 됩니다. 그러니까 사람들이 '우리가 어머니 대지를 내버린 탓에 이렇게 됐습니다' 같은 식으로 말한다면 말입니다. 여러분께서 동의하실지 어떨지는 모르지만, 이것은 정말 상당히 세련된 방식일 것입니다. 슬슬 끝내야겠습니다. 일상 생활 속에서 이데올로기가 어떻게 기능하는지와 관련된 예를 딱 하나만 더 들어보겠습니다. 관용이란 개념에 대해 한번 생각해봅시다. 요즘 관용에 대해 많이들 얘기합니다. 하지만 여러분, 이 관용이란 것이 얼마나 모호한 개념인지 아십니까? 관용, 저는 그것이 이질성 같은 것에 대한 관용을 의미한다면 찬성합니다. 하지만 관용은 정반대의 것을 의미할 수도 있습니다. '나한테 너무 가까이 오지 마. 난 네가 나한테 다가오는 걸 참을 수 없다구'라는 뜻이라는 것입니다. 예를 들자면 그렇습니다. 이제 논의를 마무리해야 할 것 같으니, 좀 극단적인 주장을 해보겠습니다. 흡연을 옹호해볼까 합니다. 사실 전 담배를 피우지 않습니다. 담배 회사도 싫어합니다. 하지만 여러분 또한 [반대의 이름으로 벌어지는] 흡연에 대한 이런 강박이 금지돼야 한다고 생각지 않습니까? 저는 이런 것이 이데올로기란 생각이 듭니다. 사람들이 흡연으로 죽진 않을 것이라고 말하려는 것이 아닙니다. 하지만 여러분도 아시다시피 사람들은 알코올이나 마약 때문에도 죽습니다. 흡연에 반대하는 자유주의 좌파들이, 흡연에 대한 반대 의견을 표명한 바로 그날 밤 사람들에게 마약을 권하는 경우를 목격한 적도 있습니다. 그렇다면 도대체 왜 흡연이라는 것이 이런, 말하자면 공포의 궁극적 이미지가 된 것일까요? 서구에서 이런 상황은 믿기지 않을 정도까지 진행됐습니다. 심지어 담배를 사는 그 순간부터 '흡연은 당신의 건강을 해칠 수도 있습니다' 같이 의무적으로 들어간 문구를 접하게 된 상황입니다. 이보다 더 잔인한 문구가 뒤따르기도 합니다. '흡연으로 인해 죽을 수도 있습니다' 라고 말입니다. 그 다음 단계는 훨씬 더 구체적입니다. '흡연은 당신을 성기능 장애에 빠트릴 수 있습니다.' 유럽에서는 마지막 형태로 큼직한 사진이, 폐 수술 장면이 담긴 사진이 부착됩니다. 바로 이것을 사람들이 피우고 있는 것입니다. 전 흡연을 찬성하진 않습니다. 하지만 제 생각에는 이것이 우리의 쾌락주의가 얼마나 잘못된 것인지 보여주는 좋은 예가 아닌가 합니다. 제가 보기에 우리는 사실상 쾌락주의 사회에서 살고 있는 것이 아니라 온건하게 규제된 쾌락들로 이뤄진 사회 속에 살고 있는 듯합니다. 알코올 없는 맥주, 카페인 없는 커피 같은 것이 이를 증명합니다. 이런 것들을 알맞게, 온건하게 하라. 저는 쾌락주의, 진정한 쾌락주의는 이런 뜻이라고 생각합니다. '상관없어, 나는. 끝까지 가볼 거야. 담배도 피고. 섹스도 할 거야. 그러다 죽더라도 말야.' 이것은 나쁜 생각이 아니라, 오늘날 충고되지 않는 바로 그것에 다름 아닙니다. 사흘 전 유럽에서 여기 서울로 오는 비행기에서 저는 정말 가장 끔찍하다고 할 만한 글을, 비행기에 비치된 잡지에 실린 것인데, 아무튼 읽게 됐습니다. 섹스를 찬양하는 글이긴 했습니다. 제가 상상할 수 있는 방식 중 가장 우울한 방식으로 묘사돼 문제였지만 말입니다. 이렇게 쓰여 있습니다. '섹스는 건강에 좋습니다.' 그런 다음 이런 식으로 체위를 바꾸면 조깅보다 건강에 더 좋을 것이다, 또 키스하는 것이 건강에 좋은데 왜냐하면 그것이 당신의 근육을 튼튼하게 만들어줄 것이라서 그렇다, 또 나이가 든 사람일 경우 침이 그런 기능을 할 것이다, 이런 내용이 쭈욱 이어집니다. 정말 우울한 얘기들이 아닐 수 없습니다.

일상 생활 속 이데올로기를 보여주는 또 한 가지 예에 대해 생각해보면서 논의를 마무리짓도록 합시다. 과도한 섹스나 사랑, 그러니까 열정적인 사랑이 금지되고 있다고 제가 말했습니다. 오늘날의 이데올로기는 일부일처제가 아닙니다. 여기 한국은 어떤지 모르겠습니다만, 미국과 유럽에서의 이데올로기는 일종의 온건한 실험이라고 할 수 있습니다. 정말로 너 자신이 되라, 실험하라, 한 여자를 상대로. 남자 하나 대 여자 둘, 남자 하나와 개 하나를 상대로. 네가 원하는 것은 무엇이든 하라. 하지만 과도한 동일시, 너무 지나치게 [그것과] 공명하진 말라. 이런 문맥에서 여러분들이 허락한다면 한 가지 예를 [더] 들고 싶습니다. 제임스 본드 시리즈 중 마지막 영화인 〈퀀텀 오브 솔러스Quantum of Solace〉를 본 적 있으십니까? 정치적으로 그 영화는 상당히 흥미로운데, 내용이 매우 좌파적입니다. 기본적인 내용은, 제임스 본드가 볼리비아의 도덕주의 체제를 나쁜 초국적 기업으로부터 구해내는 것입니다. 혹시 이 영화를 보신 분 중에 무엇인가 이상한 점을 발견하신 분 계십니까? 이 영화는 본드와 본드걸 사이에 섹스가 벌어지지 않는 최초의 제임스 본드 영화입니다. 사실 이는 요즘 하나의 추세라고 할 수 있습니다. 정말 가장 구역질나는 소설이나 영화들을 만들어내는 댄 브라운Dan Brown이란 사람 아십니까? 그가 쓴 『다빈치 코드』에서 주인공인 도상학자 로버트 랜든과 지저스 크라이스트의 고손녀인 여주인공과의 섹스 장면이 없다는 것, 눈치채셨습니까? 저는 저 천국에도 섹스가 있어야 한다고 주장하는 바입니다. 이를테면 지저스 크라이스트가 마리아 막달라와 결혼도 하고 그러는 것입니다. 여기 지구에 섹스가 존재하지 않는다는 사실을 감추기 위해서 말입니다. 더 끔찍한 예로, 댄 브라운의 소설을 영화화한 〈천사와 악마Angels and Demons〉를 혹시 보셨습니까? 이 경우, 소설 속에는 섹스 장면이 포함돼 있지만 영화 속에는 포함돼 있지 않습니다. 제 생각에 이런 경향은 분명해지고 또 끔찍해지는 중입니다. 모든 곳에서 타자를 향해 지나치게 열려 있다거나, 타자에 과도하게 연루되는 일이 아주 위험한 것으로 간주되는 상황인 셈입니다. 적어도 서구 유럽에서 결혼이나 데이트 대행사들을 통해 전근대적인 정략 결혼 같은 것으로 되돌아가는 경향을 볼 수 있는 것도 바로 그래섭니다. 무슨 말이냐 하면, 제가 한국말을 모르기 때문에 여기서는 어떻게 표현되는지 모르겠습니다만, 불어나 영어에서 '사랑에 빠진다fall in love'고 말할 때 'fall'이라는 동사가 쓰입니다. 사랑이 가장 아름다운 이유가 여기 있습니다. 상대를 보자마자 '오 세상에, 내 운명이야, 어떻게 할 수가 없어' 하는 상황이라는 점에서 그렇습니다. 그런데 그것을 아십니까? 요즘 제 친구 엘렌[9]이 주

9 근대프랑스령 식민지였던 알제리 출신의 걸출한 페미니스트 사상가 엘렌 식수Hélène Cixous를 가리킨다. '여성적 글쓰기' 선언문이라고도 알려진 『메두사의 웃음Le Rire de la Méduse』(1975)으로 널리 주목받았다[한국어판은 『메두사의 웃음/출구』(박혜영 옮김, 동문선)라는 제목으로 2004년 출간됐다]. 식수는 이 책에서 '남성적 상징계'라고도 불리는

목한 바에 따르면, 물론 불어를 쓰는 데서의 얘기지만, 점점 더 많은 데이트 대행 업체들이 바로 이런 상황을 대놓고 말하고 있습니다. 예를 들어 제가 보았던 대형 광고에서 그들은 이렇게 홍보합니다. '우리는 여러분이 사랑에 빠지지 않은 채, 거기 **빠져버리는** 일 없이 사랑할 수 있도록 해드릴 것입니다.' 이 말이 무슨 뜻인지 아시겠습니까? '안전하게, 건강을 해치지 않는 방식으로 그것을 해라. 이런 만남의 위험을 자초하지 마라. 외상을 가져올 그 '빠져듦'을 피해라,' 그런 의미인 것입니다. 다시 한 번 말하지만 저는 이것이 정말 끔찍한 상황이라는 생각이 듭니다. 섹스가 더 이상 치명적이고 열정적인 애착이 아닌 상황으로 변해가니 말입니다. 저는 이렇게 바뀐 상황이 형이상학의 첫 번째 형태라는 생각까지 들곤 합니다. 여기서 형이상학이란, 사람들이 조악한 일상 생활 속에 있지만 또 다른 차원, 다시 말해 완전하게 바뀌어서 또 다른 차원을 여는 어떤 것과 맞닥뜨리는 상황을 의미합니다. '열정적인 성적 사랑이 열정적인 성적 사랑이 아닌' 그런 상황이 이런 형이상학의 예가 될 수 있다는 얘기입니다. 이는 대재난과도 같습니다. 어떤 의미에서냐 하면, 일단 제가 행복한 삶을 살고 있다고 생각해봅시다. 그러니까 여기서는 하룻밤 잠자리를, 저기서는 술과 짧은 섹스를 즐긴다는 의미에서 행복한, 그런 삶을 살다가 갑자기 사랑에 빠져버리는 것입니다. 이제 행복은 끝이 난 것이나 마찬가지입니다. 모든 것이 바로 그 사랑에 종속될 테니 말입니다. 이는 외상

소위 남근중심적 언어질서 속에서는 '여성적 글쓰기'를 실천할 여지가 없다고 주장한다.

을 초래하는 만남입니다. 그리고 바로 그것이 요즘 성적 만남의 구조가, 그러니까 실제 파트너와의 자위라고 부를 만한 그런 구조로 변해가는 이유가 아닐까 하는 생각이 듭니다.

이제 정말 마무리를 해볼까 합니다. 사람들은 그저 게임을 하고 싶어합니다. 플라스틱으로 된 물건을 가지고 하느니 진짜 사람과 하는 편이 적어도 지금으로선 더 만족스러운 것입니다. 우리 기업들이 이미 얼마나 많은 플라스틱 물건들을 만들어 제공하고 있는지 정말 끔찍할 지경이긴 합니다만, 얼마 전에 저는 이메일을 확인하다가 거기 딸려온 정말 끔찍한 섹스용품 공짜 광고들 중에 이런 것을 봤습니다. '남성용 질 훈련기'라고 했던 것 같습니다. 정말 끔찍합니다. 램프처럼 생겼던데, 위쪽에 있는 뚜껑을 열면 거기가 질, 물론 플라스틱으로 된 질로 들어가는 입구인 것입니다. 그리고 그것은 전기로 조정이 됩니다. 그러니까 형태도 조정할 수 있게, 아니 거기에다 다른 플라스틱 뚜껑을 씌우게 돼 있다고 합니다. 어떤 것을 씌우느냐에 따라 질도 될 수 있고 항문도 되고, 또 입도 될 수 있습니다. 그런 다음 두께 같은 것도 조정할 수 있도록 돼 있습니다. 그냥 혼자 그것을 할 수 있는 것입니다. 20년 전쯤 출판된 첫 번째, 아니 두 번째 책인가에서 저는 오스트레일리아의 광고 하나를 인용한 적이 있는데 바로 그 광고가 지금 현실이 되고 있구나 싶었습니다. 유럽에서 잘 알려져 있는 동화인데, 개구리를 본 여자 아이가 그 개구리에게 키스를 하고, 키스를 받은 개구리는 젊은 왕자가 된다는 내용입니다. 지금 말하는 광고, 맥주 광고의 첫 부분도 그렇습니다. 여자가 개구리에게 키스를 하고 개구리는 멋진 젊은 남자로 바뀝니다. 하지만 그 뒤에 무슨 일이 벌어지는지 아십니까? 그 남자 아이, 아니 왕자가 여자에게 키스를 하고 그러자 여자는 한 병의 맥주가 됩니다. '바로 이것이 내가 원하는 것이야,' 이런 식입니다. 여전히 인간 파트너를 원하는 여자로부터 그저 부분 대상만을 원하는 남자한테로 우리는 이동 중입니다. 자크 라캉은 그의 이론 속에서 바로 이런 점에 깊은 흥미를, 우리의 과학기술이 이런 방향으로 나아간다는 사실에 깊은 흥미를 보였습니다. 그러니까 포스트섹슈얼 섹슈얼리티, 이렇게 말할 수 있을까요? 심지어 성희롱에 대한 우리의 강박조차 그렇습니다. 먼저 저는 실제 성희롱이 일어나고 있음을 잘 알고 있고, 또 그것에는 전적으로 반대합니다. 제가 여기서 말하고 싶은 것은 아주 자주, 제가 목격한 바로는 적어도 미국에서 사람들이 성희롱이란 문제에 강박적으로 집착하는 것이 아니냐는 것입니다. 간단하게 얘기해 보자면, 누군가를 유혹하는 과정에 있을 때 사람들은 무엇인가 행동을 해야만 합니다. 그런데 만약 이런 행동에 대해 상대방이 거절의 표시를 할 경우, 거의 어떤 행동이든 성희롱이 되고 맙니다. 제가 말하고 싶은 것은, 성희롱에 대한 이런 공격 속에 숨겨진 이상ideal은 바로 순수하게 계약에 의거해 이뤄지는 섹스라는 것입니다. 미리 계획을 짭니다. 나와 상대방의 동의 아래서. 우리는 그냥 계획, 다시 말해 우리의 쾌락을 위해 서로를 어떻게 이용할 것인지에 대한 법적 계약서를 만드는 것입니다. 다시 제가 지금 이야기하려는 주제를 놓쳐서는 안 되겠지요? 저는 여기서도 계속해서 오늘날의 자본주의에 대해 이야기하는 중입니다. 제가 지금 지적하고 있는 이런 모든 변화들, 심지어 무엇보다 강렬하게 성적으로 맺어지는 관계조차 위험한 것이 돼가는 상황, 온건함과 절제를 강조하는 설교들. 또 믿음의 구조, 그러니까 우리가 믿지 않음에도 불구하고, 누군가 믿고 있다는 것을 믿게 되는 그런 구조들. 이런 것들은 '저쪽에 있는, 저 멀리에 있는' 어떤 것이란 의미의 이데올로기가 아닙니다. 그것들은 소비와 생산, 교환 등으로 이뤄지는 경제적 과정 한가운데에 들어와 있는 이데올로기입니다. 다시 한 번 말하지만, 오늘날의 상황은 저를 공산주의자로 만들고 있습니다.

이제 더 이상 시간을 끌지 않으려 합니다. 여러분이 원하시면 나중에 질문하셔도 됩니다. 저는 왜 아직도 여전히 이 무시무시한 단어[공산주의]를 쓰고 싶어하는 것일까요? 그렇지만 공산주의자가 된다는 것은 '우리는 공산주의 혁명이, 공산당이 필요합니다'라고 한다든가 특히나 저 국경 너머[중화인민공화국과 조선민주주의인민공화국]의 그것을 의미하는 것이 아닙니다. 공산주의자가 된다는 것이 제게 뜻하는 바란 이렇습니다. 우리가 어떤 막다른 상황에 다가서고 있음을, 상황이 막연하게나마 지금 같은 식으로 그렇게 진행될 수는 없다는 것을, 또 어떤 전통으로 돌아간다고 해도 해결책을 찾을 수 없음을 인정하고 받아들이는 것. 공산주의자가 된다는 것은 바로 이런 것입니다. 사람들은 이렇게들 말합니다. '자본주의가 사회구조를 해체하고 있구나. 그러니 우리는 어떤 고대 불가 전통, 아니 유가 전통으로 보완된 그런 자본주의가 필요해'라고. 기본적으로 오늘날의 중국이 바로 이렇습니다. 중국식 해법인 것입니다. 요즘 중국에서 유교가 국가적인 뒷받침을 받고 있는 이유가 여기 있습니다. 저는, 공산주의는 어디까지나 어떤 열림을 의미한다고 생각합니다. 이것은 20세기에 있었던 그런 공산주의가 아닙니다. 역사는 잃어버린 상태고, 무슨 일이 일어날지 모르는 상황입니다. 이제 우리는 우리 자신을 구할 수 있을 것이라고 보장할 수 없습니다. 모든 것이 우리에게 달려 있고 상황은 열려 있습니다. 아는 것이라고는 그저 우리가 어려운 시대로 접어들고 있다는, 그리고 그 시대가 이제까지와 동일한 방식으로 움직이지 않으리라는 점뿐입니다. 행동하느냐 여부는 우리에게 달려 있습니다. 우리에게 방향을 제시하고 이끌어줄 보다 고차원적인 필연 같은 것은 없습니다. 잘 아시다시피 구식 공산주의자들은 이렇게 말하기를 좋아했습니다. '지금 상황이 어두운 것 같지만 늘 터널 끝에는 빛이 있으니까'라고 말입니다. 근데 제가 동유럽 출신 아닙니까? 우리가 즐기는 유머는 늘 아주 냉소적인데, 누군가가 '터널 끝에는 늘 빛이 있으니까'라고 하면 저는 이렇게 대꾸합니다. '물론 그렇지. 우리에게 또 다른 기차가 다가오고 있으니까.' 제가 여러분께 전하려던 것은 바로 이것입니다. 저한테도 분명한 해결책은 없습니다.

저는 공산주의가 어떤 문제를 명명하는 것이라 생각합니다. 오늘날 우리가 마주한 문제는 '공통적인 것commons'에 대한 것입니다. 우리 공통의 지구, 공통의 유전공학적 유산, 공통의 지적 실체, 소위 지적 재산권이라고 하는, 결코 사유화돼서는 안 되는, 공통의 지적 재산권, 이런 문제들이라는 것입니다. 그것은 우리의 문제이고, 상황은 열려 있습니다. 우리는 무엇인가 근본적으로 사유하기 시작해야 하고, 이런 장소, 그러니까 대학이라는 장소가 오늘날 굉장히 중요해지는 이유도 그 때문입니다. 현행 체제는 정말이지 우리가 사유하기를 원하지 않습니다. 잘 모르겠습니다만, 여기 오신 여러분은 운이 좋은 것입니다. 유럽과 미국에서는 요즘 '도대체 누구한테 대학의 상아탑이 필요한 거지? 대학은 사람들의 구체적인 필요에 이바지해야 하는데'라고 말하는 대규모의 움직임이 생기고 있습니다. 제가 보기에 이 사람들은 우리 대학에 전문가의 생산을 요구하고 있지 않나 싶습니다. 하지만 만약 우리가 진정한 의미의 지식인이라면 우리는 전문가가 아니라는 데 주목해야 합니다. 전문가는 다른 이들에게 문제로 규정된 것들을 해결하는 사람이기 때문입니다. 예컨대 파리에서 폭동이 일어나면 경찰은 전문가를 부릅니다. '심리학적으로 시위자들을 통제할 수 있는 방법은 없나? 우리가 쓸 수 있는 권력으로는 어떤 것이 있나?' 이런 질문들에 대한 답을 얻기 위해섭니다. 진정한 지식인이 된다는 것은 그 이상의 무언가를 뜻합니다. 다른 사람들이 문제라 규정한 것을 푸는 것만으로는 안 된다는 얘기입니다. 진정한 지식인은 문제 자체를 규정할 수 있어야 합니다. 보통은 우리가 문제를 인식하는 방식 자체가 문제의 일부분이 되곤 합니다. 문제를 잘못된 방식으로 인식할 수도 있다는 말입니다. 우리 지식인들의 임무는 해결책을 제공하는 것이 아니라 사람들에게 우리가 당면해 있는 문제를 제대로 인식하도록 하는 데 있습니다. 이를 위해서 겉보기에는 전혀 쓸모없는 바로 이 대학이라는 기관이 우리에게는 필요한 것입니다. 모든 위대한 발명들이 미리 계획된 적은 한 번도 없었습니다. 그런 것들은, 이라크에서 [미국의 주도 아래 벌어진 추악한 사건들에 대해] 사람들이 말하는 것처럼, 부수적인 피해[10] 같은 것입니다. 우린 그저 자유롭게 사유함으로써 체계에 수많은 부수적 피해를 입힐 수 있습니다. 바로 그래서 '아프리카에서 사람들이 당장 굶어 죽어가고 있는 판국에 넌 어떻게 이론에 대한 이야기들에 돈이나 시간을 낭비하고 있냐?'와 같은 곤란한 질문들을 견디게 되는 것입니다. [현행 자본주의 체계가] 정말 잔인하게 우리를 구워삶고 있지요? 늘 '무언가를 해, 생각하지 말고!'라고 다들 말하고 있으니 말입니다. 하지만 우리는 용기를 내서 이렇게 말해야 합니다. '상황이 절망적일 수는 있다. 하지만 바로 그렇기 때문에 우리는 온전히 그 삶의 일부가 될 것이 아니라 물러나 사유해야 한다.' 그 어느 때보다 한층 더, 우리는 대학이라는 거리가 필요합니다.

강연이 너무 길어져 미안합니다. 그런데도 참고 들어주신 여러분께 진심으로 감사드립니다.

10 '전쟁/전투 행위시 의도치 않았거나 불가피하게 발생한 민간인 피해'를 지칭하는 의미로 미군에서 고안된 군사용어. 실제로는 전후방 구분 없이 군사적 합리성만 중시하다 빚어지곤 하는 민간인 대량살상 사태를 정당화하는 데 쓰여왔다. 궁극적으로 이런 용법은, 애초부터 없었던 것으로 밝혀진 '대량살상무기'의 접수를 이유로 2003년에 이뤄진 미국의 이라크 침공이 '정의로운 전쟁'임을 정당화하는 데 있었다. '이라크 민주화'를 앞세워 이뤄진 미국의 군사 개입은 이라크를 장기 내전 상태에 빠뜨렸고, 미군 또한 내전 세력들의 저항과 압박을 견디지 못한 채 2010~11년 말 사이 사실상 패배나 다름없는 철수 수순을 밟았다.

제4강

강연이 끝난 후

나와 세계를 바꾸는 '다른 정치'의 조건들

사회*: 열정적인 강연이었습니다. 책도 재미있지만 직접 강연을 들어보니 가장 재미있는 것이, 여러분도 들으셨겠지만 지젝이 왜 철학을 더럽히는 철학자라는 소리를 듣는지 알게 된 점이 아닐까 싶습니다. 사실 오늘 강연에서도 강조를 하셨지만, 지젝 선생님이 가장 포커스를 맞추는 지점은 이데올로기입니다. 지젝 선생의 명성은 이데올로기라는 것이 무엇인가에 대해 탁월한 견해를 제시한 데서 생겼다고 할 수 있겠습니다.

지젝 선생에게 이데올로기는 심리적인 작용이지만 아주 물질적인 것입니다. 그러면서 객관적인 역할을 해내는 이데올로기들에 관한 이야기들을 합니다. 그래서 지젝 선생은 다른 철학자들이 중요하다고 하는 것은 별로 중요하지 않고, 별로 중요하지 않다고 얘기하는 것은 중요하다고 합니다. 예컨대 후기 알튀세르가 굉장히 중요하다고들 하지만 지젝 선생님은 반대로 이데올로기론을 말한 [전기] 알튀세르를 강조한다든가 하는 식입니다.

기본적으로 강연 중에 나온 이야기에서 인상 깊은 내용이 하나

---

* 강연이 끝나고 열린 질의응답은 이택광 경희대 영미어학부 교수의 사회로 진행됐다.

있습니다. 항상 강조하는 부분이기도 한데, 지적 재산권에 관한 대목입니다. 공산주의 말씀하실 때 이것이 북한의 공산주의와는 다르다고 하면서, 지적 재산권이라는 것이 사실 자본이 만들어낸 것이지만 그것이 어떻게 보면 우리가 공유할 수 있는 것이라고 했습니다. 예를 들어 지젝 교수님이 여기 와 계시지만, 지젝 선생님이 오기 위해서 필요했던 여러 가지 장치들이 있습니다. 돈도 있어야 하고, 비행기를 타고 와야 되니까. 또 몸이 안 좋으니까 비즈니스클래스를 타고 오셔야 됩니다. (웃음) 그리고 또 여러분 여기 들어올 땐 그냥 들어왔지만, 사실 이 행사를 준비하기 위해서 경희대가 다 돈을 냈습니다. 그런 돈도 있습니다. 지금 들고 계신 유인물들도 관련 부처에서 돈을 낸 것입니다. 돈을 다 내 가지고 만들었는데, 여러분은 공짜로 와서 듣고 계십니다.

이것이 바로 지젝 선생님이 얘기하시는 공산주의입니다, 쉽게 말하면. 그러니까 누구라도 마음만 먹으면 나눠가질 수 있다는 것입니다. 지젝 선생님도 여기 와 계시지만 사실 강의료 한 푼 받지 않았습니다. 여러분을 만나고 싶어서 오셨고, 또 한국을 보고 싶어서 오셨기 때문에 경비밖에 해드리지를 않았습니다. 그래서 여기 앉아 계시는 소박한 모습을 보실 수 있습니다. 오히려 제가 양복을 입고 있고, 지젝 선생님은, 난닝구라고 하지요? (웃음) 입고 계신 저 바지도 어제 남대문시장에 가서 1만 원 주고 산 것입니다. 저것을 사서가지고 오늘 저한테 자랑하셨습니다. (웃음) 듣기로, 어제는 서울 시내 곳곳을 돌아다니는데 길에서 누군가가 알아보고 안내를 해주시고 그랬답니다.

길에서 알아볼 수 있는 철학자, 길 위에서 안내받는 동시에 길을 안내하는 철학자. 한국에서 이런 서양 철학자가, 물론 정확하게 말하면 동유럽 철학자입니다만 사실 지젝 선생님 말고 또 누가 있겠습니까? 제가 생각할 때는 없을 것 같습니다. 어떻게 보면 굉장히 유명세를 치르고 계신 것 같은데, 일단 제 얘기는 여기서 끝내겠습니다. 물어보실 것이 많을 것 같습니다. 선생님께서 오신 이유가 여러분을 만나기 위해서였던 만큼 여러분의 이야기를 들어보고 싶습니다. 허심탄회하게 질문해주시면 좋겠습니다. 한글로 하셔도 동시통역기가 있기 때문에 가능합니다.

질문자: 강연 잘 들었습니다. 6시에 여기 도착해서 6시 10분쯤에 강연장에 들어왔습니다. 일찍 온 김에 가운데 쪽 좌석에 앉아서 선생님을 정면에서 볼까 했더니 가운데 좌석은 VIP 좌석이라고 양 옆쪽으로 옮겨 앉으라고 했습니다. (웃음) 그래서 여기에 앉게 됐는데, 이런 모습이 어떻게 보면 좌파 철학자 강연에서 벌어졌다는 것이 좀 아이러니하다 싶었습니다. 지젝 선생님께서는 어떻게 생각하시는지 궁금합니다.

사회: (웃으면서) 질문이 아닌 것 같습니다. 경희대 측에 전달하려는 불만사항으로 봐도 되겠습니까? (웃음) 꼭 대답을 요구하는 질문은 아닌 것 같습니다. 불만사항은 경희대학교 측에서 접수하도록 하고, 괜찮다면 다음 질문으로 넘어갈까 합니다만.

지젝: 아니, 대답하고 싶습니다. 이렇게 말해보면 어떻습니까? 적과의 협력이라는 다소 단순한 말로 말입니다. 레닌의 말대로, 자본가는 여러분들이 목을 매달 밧줄까지 팔 것입니다. 그리고 바로 그런 이유 때문에 우리는 모든 기회를, 전 가져보지 못했지만 그것이 VIP든 무엇이든 간에 이용해야 합니다. 만약 그 VIP용 좌석이 여러분에게 말을 걸 수 있는 것의 대가라면 말입니다. VIP 좌석 바깥에 있으면서 여러분에게 아무런 말도 걸지 않는 것보다는 그것이 훨씬 낫지 않나 싶습니다. 그래서 모든 기회를 이용하라고 말씀드리는 것입니다. 저로서는 죄의식[이 들게 하는 것]은 그릇된 해결책이란 생각입니다. 그것은 거짓된 두려움 같은 것입니다. 예를 들어 비즈니스석을 이야기할 때 그런 것들에 대해 염려하는 것은 다름 아닌 중상류층 지식인들, 다시 말해 보통 사람들에게 친근하게 보이고 싶어하는 중상류층의 지식인들입니다. 아마 진짜 가난한 사람이라면, 비즈니스석에 아무런 생각 없이 앉을 것입니다. 제가 진짜 가난한 사람처럼 될 수 없는 이유이기도 합니다. (자기가 입고 있는 옷을 가리키며) 제가 지금 가난한 사람들처럼 옷을 입고 있기는 하지만, 그 문제에 너무 매달리지는 맙시다. 제가 보기에 이는 중상류층 사람들이 겪는 전형적인 문제입니다. 중상류층 사람들은 가난한 사람들과 하나가 되려는 준비가 돼 있습니다. 왜 그런지 아십니까? 그들은 자신들이 그런 가난한 사람들 중 하나가 아니라는 것을 이미 알고 있고, 그 때문에 한편으론 상당히 기쁘기 때문입니다. 그러니까 이코노미석의 티켓을 들고 줄이 길다는 이유로 자기 앞에 있는 사람들을 향해 속으로 욕을 하는 상

황, 그런 상황과 다르지 않습니다. 만약 제가 비즈니스석 티켓을 가지고 있다면 줄설 필요 없이 바로 비행기에 탑승할 수 있을 테고, 옆에 이코노미석의 티켓을 쥔 채 길게 줄을 서 있는 사람들을 바라보며 그들의 상황에 깊이 동감하는 느낌을 받을 것이 분명합니다. 왜 그럴까요? 그들 중 하나가 아니라는 사실이 내심 기쁘기 때문입니다.

질문자: 글로벌커뮤니케이션학부에 있는 신명아라고 합니다. 제 질문은 다소 이론적인 것입니다. 지금 관료주의가 만들어내는 문화적 차이와 현대 자본주의 사회에 대한 교수님의 견해를 이야기하고 있기 때문에, 교수님의 이론과 관련해 두 가지 질문을 하겠습니다. 우선 교수님의 말대로 오늘날 자본주의 사회의 주체들을 디카페인 커피로 요약할 수 있습니다. 디카페인 커피, 그러니까 카페인 없는 커피에 대해 교수님은 알맹이가 빠진 어떤 것이라고 이야기하셨습니다. 그런데 북한 체제와는 다른 코뮤니즘에 대한 교수님의 논의, 급진적 코뮤니즘과는 다르게 정의되는 교수님의 코뮤니즘이 제게는 바로 카페인 없는 커피인 듯 보입니다. 교수님의 견해는 오늘날 자본주의 속에 사는 사람들에게는 위안이 될 것입니다. 그런데 교수님 이론의 첫 단계와 다소 다른 것 같습니다. 오늘날의 자본주의에 대해 고려할 때 교수님의 초점은 여전히 과거에, 무엇보다도 계급투쟁에 있습니다. 제가 이해한 바로는 그렇습니다. 그런데 교수님은 이 견해를 약간 바꿔서, 이것을 자본주의 사회 속 주체들에 적절한 방식으로 변화시켜 가는 것 같습니다.

그래서 저는 코뮤니즘에 대한 교수님 견해가 듣기에는 그럴 듯해 보이지만 실제 테러리즘이나 자본주의 사회라는 문제와 관련해서, 또 이슬람이나 미국, 이런 문제와 연관해서 별다른 해결책을 내놓지 못하고 있는 것 같습니다. 이것이 제 첫 질문입니다.

두 번째 질문은 종교적인 측면과 관련된 것입니다. 교수님 책 중 상당수가 한국어로 번역되어 출간된 상태라, 아마 여기 오신 청중들께선 교수님 책에 대해 잘 알고 있을 테고 제가 지금 무슨 말을 하려는지 아실 것입니다. 제 질문은 달라이 라마와 불교에 관한 것입니다. 불교나 달라이 라마에 대한 교수님 견해는 저 같은 동양 사람들로서는 상당히 부정적이라는 느낌입니다. 그런 관점이 상당히 라캉적인 것이긴 합니다만 헤겔주의자로서, 행복만을 추구하는 달라이 라마의 부정적 양상이 정치적인 문제들을 해결하는 데 어느 정도 역할을 할 수 있는지 논의해야 할 것 같습니다. 교수님은 달라이 라마에 대해 완전히 만족하시지 않는 것으로 보입니다. 그저 좋았던 옛것만을 이야기하는, 새로운 시대는 행복한 것이어야 하고, 행복이 가장 중요한 것으로 얘기된다는 점이 만족스럽지 않은 것 같습니다. 특히 요즘에는 불교에 대해서도 상당히 의구심 어린 시각을 보이십니다. 사회의 여러 문제들을 다루는 데서 불교는 자신을 철저히 감독할 것을 요구합니다. 불교에서 관심의 대상은 자아이지 타자가 아닙니다. 불교주의자들이 타자의 고통에 대해 적극적으로 이야기한다는 것은 앞뒤가 맞지 않는 얘기 같습니다. 그들은 아주 금욕적이고 아주 엄격하지만, 관심의 초점을 자아에 맞추고 있습니다. 제가 읽은 바로는, 교수님이 불교를 반대하는 것은 바로 이런 점 때문입니다. 앞으로 교수님이 하게 될 이론적인 작업 속에서 헤겔의 변증법에 근거해 불교의 긍정적인 측면을 이야기할 기회도 있을까요? 이와 관련된 교수님 견해를 듣고 싶습니다. 이것이 두 번째 질문입니다.

지젝: 고맙습니다. 굉장히 묵직한 질문입니다. 두 번째 질문을 진지하게 생각하고 대답하는 데만도 또 다른 강연이 필요하지 않을까 합니다. 먼저 계급투쟁, 공산주의에 대해 생각해볼까 합니다. 제가 여전히 계급투쟁에 골몰하고 있지만, 이 때 계급은 구체적인 계급을 의미하는 것이 아닙니다. 다시 말해서 제게 계급투쟁이란 것은, 오늘날에도 여전히 19세기나 20세기의 노동계급 같은 프롤레타리아적인 주체가 있다, 그런 맥락을 의미하는 것이 아니라는 것입니다. 제가 말하는 계급투쟁은, 사회가 어떤 적대 또는 막다름을 구조적으로 가지고 있다는 뜻입니다. 저는 계급투쟁의 입장과, 인정recognition이 문제되는 다문화주의적인 복합적 투쟁 사이에는 큰 차이가 있다고 생각합니다. 인정의 경우 우리가 어떻게 인정하고 인정받느냐가 문제입니다. 동성애자나 여성, 또는 다른 종교들과 관련해서 그렇습니다. 이래서 제가 여전히, 이런 투쟁의 복합성에 대항해 사람들이 이항대립 논리라고 부르는 것을 지지하는지도 모르겠습니다. 저는 여전히 몇몇 포스트모던 이론가들이 이런 주장을 선호한다고 생각합니다. 노동자들은 보다 나은 노동 조건을 위해, 여성들은 그들의 권리를 위해 투쟁하며, 성소수자들, 탄압받는 종교인들 역시 그렇다고 말입니다. 지나치게 단순

화된 생각입니다. 하지만 예를 들자면 에르네스토 라클라우Ernesto Lacalau는[11] 이런 투쟁들 중 어떤 것도 선험적으로 중심적 위치를 차지하지 못한다고 주장합니다. 어느 것이 더 중요한가는 어디까지나 모두 전략적 고려에 따른 문제입니다. 어떤 것이 더 중요하고 참다운 것인지 말할 수 없습니다. 예컨대 노동자들의 경제적 투쟁이 제일 먼저이고 그 다음이 여성의 투쟁, 그 다음은 문화 투쟁, 이렇게 이야기할 수 없다는 말입니다. 좀더 전통적인 맑스주의 식으로 얘기해보면 경제적 적대는 사실 정확하게 말해 단순히 경제적인 것만이 아닙니다. 이것을 '정치경제적 적대', 이렇게 불러볼까요? 전지구적 자본주의를 규정하는 것이 바로 이것입니다. 이는 다른 어떤 투쟁과도 동일하지 않습니다. 전지구적 자본주의와의 투쟁은 다른 모든 투쟁을 중층결정하는 보다 실질적인 위치를 차지하고 있다고 볼 수 있습니다.

공산주의와 관련해서, 질문사가 한 말씀에 어느 정도 동의하는 측면이 있기는 합니다. 그렇지만 다시 한 번 말씀드리자면 저는 공산주의를 어떤 긍정적인 방식으로, 다시 말해서 미래의 더 나은 사회 같은 것으로 간주하는 것이 아닙니다. 사실 전 이런 언어를

---

11 아르헨티나 출신의 정치이론가. 대학에서 역사학을 전공하고 정치학 박사 학위를 받았다. 이후 영국 에섹스대학교 정치학과 교수로 있으면서 '에섹스 학파'로 불리는 '이데올로기와 담론 분석 과정'을 지도하고 인문사회과학연구소를 운영하며 많은 연구 활동을 펼쳤다. 특히 아르헨티나의 페론주의와 포퓰리즘에 대한 연구를 꾸준히 이어가면서 기존 서구 정치사상의 근본 틀을 비판하고 포스트-맑스주의의 새로운 이론적 지평을 개척한 것으로 평가받는다. 한국어판으로 출간된 그의 (공)저서로는 샹탈 무페와 함께 쓴 대표작 『헤게모니와 사회주의 전략』(이승원 옮김, 후마니타스, 2012) 외에도 『전쟁은 없다』(강수영 옮김, 인간사랑, 2011)와 『우연성, 헤게모니, 보편성』(박미선 · 박대진 옮김, 도서출판b, 2009)이 있다.

사용하길 거부합니다. 제 언어는 행복의 언어가 아닙니다. 저는 사람들이 앞으로 더 행복해지리라 생각지 않습니다. 질문자께서 달라이 라마를 거론하셨는데, 제가 제기하는 문제는 개인적이거나 비개인적인 것으로 논의될 수 있는 사안이 아닙니다. 제 글을 잘 읽어보셨다면 이미 알고 계시리라 생각됩니다만, 저는 불교의 타락이 마하야나Mahayana에서 연원한다고 생각하는 사람입니다. 기원인 자, 그러니까 테라바다Theravada는 첫 번째 사람이 아니었습니다. 그것은 티베탄Tibetan이었습니다. 하르야나Haryana는 그저 마하야나에 반대했을 뿐입니다. 마하야나는 어떤 개념을, 제가 보기에 완전히 틀린 개념을 소개한 사람입니다. 보드히사트바Bodhisattva란 개념이 그것인데, 당신은 이미 해방되었지만 인류에 대한 동정 때문에 다시 이 고통의 세계 속으로 돌아와 다른 모든 이들이 또한 해방될 때까지 당신의 해방을 연기시킨다는, 그런 생각입니다. 제가 보기에, 이것은 특정한 형태의 희생 논리를 도입합니다. 사람들을 위해 자신을 기꺼이 희생하겠노라고 하는 그런 정치가나 사회사업가를 저는 늘 불신해왔습니다. 그리고 보기보다 훨씬 더 이기적인 것 같은 그런 불교의 기원적 형태가 훨씬 더 본래적이란 생각입니다. 마하야나적 이상, 아니 보드히사트바란 개념에서 제가 틀렸다고 생각하는 첫 번째는, 아니 일단, 저는 불교를 완전히 인정하고 있는 사람입니다. 제가 보기에 정말로 본래적인 불교에 따르면, 여러분 모두가 아시다시피, 계몽 또는 열반은 저 위에 어딘가로, 이 세상 밖으로 벗어난다는 뜻이 아닙니다. 우리는 전적으로 여기 남아 있습니다. 그저 다른 방식으로 말입니다. 그래서 저는 불교를 옹호하는 사람들, 그러니까 진정한 불교는 그 모호한 유럽의 정신주의와는 아무 상관이 없다고 주장하는 불교의 옹호자들에게 전적으로 동의합니다. 유럽의 정신주의는 어떻게 해서든 이 [실재하는 현실] 세계에서 벗어날 것을 강조합니다. 불교에서 말하는 것은 여기에 머물러 있는다는 것입니다. 말하자면 이전과는 전혀 다른 태도로, 전적으로 여기에 남아 있다는 얘기입니다. 그리고 만약 이것이 사실이라면 여러분은, 보드히사트바란 개념이 저한테 무의미하다는 점을 충분히 이해하실 수 있을 것입니다. 열반 상태일 때도 여러분은 여전히 여기에 있습니다. 저는 이렇게, 영속적인 황홀경 상태에 있는 계몽된 불교주의자라는 관념이 거짓이라고 생각합니다. 이것은 부처가 아닙니다. 부처는 계몽된 만큼이나 바로 여기서 오롯이 행동하고 있었습니다. 보드히사트바란 바로 그 개념은 불필요하게도 어떤 형이상학적 이중성을 끌어들입니다.

불교와 관련된 두 번째 사항은, 불교가, 이것은 그냥 관찰한 것인데, 여러분들도 다 알고 계실 것입니다. 저는 불교가 나쁘다고 말하는 것이 아닙니다. 저는 그냥, 아마 이것이 여러분에게 흥미로울지도 모르니 좀더 얘기해보도록 하겠습니다. 언젠가 아주 훌륭한 불교주의자들의 책을 읽었는데, 그들은 무엇인가를 인정하고 있었습니다. 불교 전체가 바로 이 문제와 싸우고 있는 중이기도 합니다만 '내적'인 것이라고, 여러분이 어떻게 부르든 '내적 계몽'이라 부르는 것이 틀렸다는 점을 [그 책의 저자들은] 잘 알고 있습니다. 하지만 그냥 계몽의 상태 또는 열반, 일단 그렇게 부릅시

다. 이 계몽의 상태 또는 열반에 필연적으로 어떤 윤리적 함의가 포함되지 않는다고 주장하는 정직한 사람들에게 저는 동의하는 바입니다. 제가 전혀 동의할 수 없는 사람은 일본의 원형적 파시스트인 스즈키 다이세츠鈴木大拙입니다. 그는 불교가 선불교적 명상인 사토리[悟り, 깨달음]에 관한 것이라 주장할 만큼 정직한 사람입니다. 사람들은 파시스트일 수도 있고, 공산주의자 또는 자유주의자가 될 수 있습니다. 존재론적으로 보장해주는 것은 없습니다. 일어로 사토리 또는 여기선 뭐라고 부르는지 모르겠지만 니르바나에 도달하는 것이, 여러분이 친절한, 다른 사람들을 배려하는 좋은 사람이 되리라는 윤리적인 보장을 함축하지 않는다는 것입니다. 스즈키 자신이 아주 정직하게 쓰고 있다시피, 이런 정직함 때문에 그의 논의를 좋아합니다만, 사람들은 열반 상태에서 현실이 지닌, 그저 겉모습뿐인 비실체적 본질을 볼 수 있으며 스스로에게 '좋아, 이 순간을 그냥 즐기자고. 도대체 왜 다른 사람들한테 신경을 써야 하지?'라고 말하게 됩니다. 이런 의미에서 저는 그 둘, 그러니까 다른 사람들을 위해 선을 행하는 것과 정신적 계몽 사이의 틈새를 보다 더 비극적인 방식으로 받아들이고 있지 않나 합니다. 그리고 저는 불교의 모든 전통이 바로 이 틈새를 감추려 애써왔다는 것을 잘 알고 있습니다. 마치 정신적 계몽에 도달하기 위해서 먼저 선해져야 하는 것처럼 이야기해왔던 셈입니다. 이런 맥락에서 선불교는 아주 정직합니다. 가장 논리적이라 할 만한 선불교에서 사람들은 공개적으로 이렇게 말합니다. '아니, 필연적인 것은 없어. 필연적 관계라는 것도 없지. 아마도 이렇게 말할 수 있

오늘날의 자본주의를 총체적인 것으로 파악하기 위해서 후쿠야마가 설명하듯이 '하나의 체계로서의 자본주의는 관념상으로는 좋은 것이다'라고 하는 것만으로는 충분치 않습니다. 자유주의적 민주주의, 성공적인 시장경제 같은 것들을 거론하면서 말입니다. 우리는 오히려 한 국가 안에서 또는 국가 바깥에서 자본주의가 실패하는 그런 지점들을 모두 살펴보아야 합니다.

을지는 모르겠네. 열반에 도달하려 애쓰는 사람들 대부분이 더 나은 사람일 수 있는 최소한의 선호가 있을 순 있다고.' 사실 저는 이조차 의심하는 쪽이긴 합니다. 아마 여러분도 아시는 책일 텐데, 제게 아주 깊은 영향을 준 책이 있습니다. 그 자신이 불교 승려인 친구 브라이언 빅토리아Brian Victoria가 쓴 『전쟁 중인 선Zen at War』이 바로 그것입니다.[12] 사실 좀 무시무시한 책이긴 한데, 그것은 1930~40년대의 일본 불교공동체와 그 공동체가 일본의 제국주의적 확장, 한반도와 중국 등지로의 확장에 대해 가졌던 태도를 묘사하고 있습니다. 브라이언에 따르면 약 1천만에서 1천5백만 명의 국민 중 반체제 인사라고 불릴 만한 사람들을 제외하고 다른 모든 사람들이 일본의 제국주의를 지지했을 뿐만 아니라 이론적으로도 그것을 정당화했습니다. 히피 시절에 통속화에 앞장섰던 인물로 잘 알려진 바로 그 스즈키는 이렇게 말했습니다. 자신이 일본 군부에 조언의 글을 썼다고 말입니다. 전쟁터에서 적과 마주했다고 상상할 경우 내가 적을 죽이기란 어려운 일이라면서, 스즈키는 만약 우리가 계몽의 상태에 도달한다면, 그리고 내가 내가 아닌 것을 알게 된다면 대검이나 칼을 꺼내들게 된다고 묘사합니다. 스즈키는 만약 내가 여전히 외양만으로 이뤄진 거짓된 현실 속에 남아 있다면, 그런 현실에 사로잡혀 있다면 그 때 나는 나 자신을 능동적인 주체로, 희생자가 될 인간을 칼로 찌르는 그런 주체로 인식하게 된다고 합니다. 하지만 스즈키에 따르면 만약 우리가 불교적

12 Brian Daizen Victoria, *Zen at War*, Lanham e.a.: Rowman & Littlefield Publishers, Inc., 2006(1997).

계몽의 상태에 도달하게 되면 우리는 더 이상 자신을 행위자로서 인식하지 않게 됩니다. 대신에 우리는 스스로가 자신의 관찰자가 돼 있다는 것을 인식하게 된다는 것입니다. 지금 스즈키의 말을 거의 그대로 인용해보면 이렇습니다. '당신은 칼이 당신에 의해 움직이는 어떤 것이 아님을 인식하게 됩니다. 그것은 일종의 우주적 춤을 추고 있는 셈입니다. 다시 말해 칼은 허공에서 움직이고 내 희생자가 어쩌다 그 칼 위로 엎어지는 겁니다.' 스즈키는 일본군부에 이런 조언을 했습니다. 어떻게 그럴 수 있었을까요? 계몽된 불교신자라는 사람들이 살인자로서 훨씬 더 효율적이었던 것입니다. 여기서 분명히 해야 할 것이 있습니다. 여기서 제가 선불교, 또는 선불교라는 이데올로기가 일본의 군국주의라고 말하고 있는 것은 절대, 정말 절대로 아니라는 것입니다.

질문자: 교수님을 만나게 돼 기쁩니다. 질문이 한 가지 있습니다. 언젠가 교수님은 '비밀이 있다면 알려달라'라는 요청을 받았고, 그에 대한 답으로 '공산주의는 승리할 것이다'라고 했습니다. 여전히 그렇게 생각하십니까? 또 다른 질문은, 지금 여기서 우리에게 또 다른 비밀을 말씀해주실 수 없을까 하는 겁니다. '공산주의는 승리할 것이다'란 말씀은 말고요.

지젝: 멋지지만 불쾌하고 공격적인 질문입니다. 저는 그런 질문을 좋아합니다. 예, 저는 공산주의가 승리할 것이라 생각합니다. 지금 그에 대해 깊이 논의할 시간은 없겠지만 말입니다. 그리고 이

것이 비밀이라는 점이 중요합니다. 여기서 비밀이란 공산주의자들의 음모가 있다는, 그런 의미가 아닙니다. 저는 여기서 위대한 가톨릭신학자인 파스칼의 기적에 대한 신학 이론을 좀더 논의하고 싶습니다. 기적들이 존재하지만 기적을 기적으로 인지하는 사람에게만 기적은 기적이 된다고 파스칼은 말합니다. 파스칼에게 기적이란 모든 사람들을 위한 것이 아닙니다. 대다수 사람들에게 자연적인 우연처럼 보이는 바로 그것이 신자에게는 신의 신호인 기적이 됩니다. 이런 의미에서 제가 '공산주의는 승리할 것이다'라고 한 말은, 공산주의를 위한 투쟁에 관여하는 우리만이 사건들을 공산주의의 기호들로 읽을 수 있으리라는 의미가 됩니다. 예를 들어 저에게 타흐리르 광장Tahrir Square[13]이나 '월스트리트를 점거하라' 운동[14] 같은 것은 모두 가능한 공산주의를 지시하는 기호들입니다. 하지만 앞으로 그런 일이 일어나리라는 절대적인 보장은 없습니다. 객관적 필연성을 갖고 있지 않다는 점에서 그것은 비밀입니

13 이집트 수도 카이로에 있는 광장의 이름이다. 2011년 1월 튀니지에서 노점상을 하던 청년의 분신을 계기로 알제리, 이집트, 리비아 등 아랍 권역에 번져나간 인민 봉기 와중에 이렇게 생성된 저항 움직임을 상징하는 장소가 됐다. 이들 저항은 '제2차 아랍 반란'이라고도 불리는데, 1916년 당시 같은 권역에서 오스만투르크 제국으로부터의 해방과 독립을 내걸고 일어났지만 프랑스와 영국, 미국 간의 제국주의 지정학 속에서 연이어 찢기고 짓눌린 민중 반란들과의 정치경제적 · 역사적 연속성을 염두에 두고서다.

14 2011년 초에 일어난 '2차 아랍 봉기'의 영향 아래, 같은 해 9월 17일 캐나다의 반소비주의 운동 단체 〈애드버스터즈〉의 주도로 글로벌 자본주의의 상징인 뉴욕 월가 인근 주코티공원에서 시작된 대중 시위의 이름이다. 애초 30여 명 남짓한 규모로 '월가를 타흐리르로!'라는 구호와 함께 시작된 시위는, 점차 규모와 지속력을 키워갔을 뿐만 아니라 미국 전역은 물론 세계 각지의 도시에서 동조 시위로도 확산된 바 있다. 이 시위에서 등장한 또다른 표어 '1%에 맞서는 99%'는 (금융)세계화 이후의 자본주의적 민주주의가 빚어온 지구 규모의 폐해를 함축하는 용어로 자리잡으면서 선거용 수사로도 널리 차용됐다.

다. 단지 공산주의를 믿는 사람들에게만 공산주의가 승리하게 되리란 의미에서 그것은 또한 비밀입니다. 어떤 의미에서 이는 동어반복을 숨기고 있습니다. 하지만 이것이 미신이라고는 생각지 않습니다. 이제 저는 진리라는 것이 왜 중립적이고 객관적일 수 없는지 설명하기 위해 이데올로기 이론으로 깊이 들어가야 할 텐데, 여기서 저는 여전히 맑스주의자로 남아 있습니다. 진리는 보편적이지만, 그럼에도 불구하고 부분적입니다. 사회에 대한 진리란 '나는 객관적으로, 중립적으로 본다'는 것이 아닙니다. 만약 여러분이 중립적으로 바라본다면 아무 것도 볼 수 없을 것입니다. 사회적인 문제들에 있어 진리는 단지 여러분이 진리에, 진리의 어떤 양식에, 예를 들어 해방의 진리, 자유 그런 것들에 관심을 가져야만 나타나는 어떤 것입니다. 만약 여러분이 또 다른 진리를 원한다면, 저는 제가 지금 비밀들에 대해 이야기하는 역설적 상황에 놓여 있음을 잘 알고 있습니다. 아이러니컬하지만 저는 지금 이 많은 청중들에게 비밀들에 대해 말하고 있는 셈입니다. 오늘날의 대중문학 속에서 찾을 수 있는 역설과도 비슷합니다. 적어도 유럽에서 가장 인기 있는 책들은 (이는 문학이 아니라 유사과학 서적들인데) 공공연하게 비밀들을 말해주는 것들입니다. 『다빈치 코드』에 바탕한 그런 책들 같은 것 말입니다. 대중들로부터 정말로 인기를 얻기 위해 비밀을 말하는 척해야 하는 상황, 참 역설적이지 않습니까?

이제 두 번째 질문에 답을 해볼까 합니다. 또 다른 비밀이 무엇이냐는 질문이었지요? 사람들이 공산주의를 원하는 일은 결코 없을 것입니다. 하지만 그럼에도 불구하고 공산주의는 도래하게 될 것입니다. '사람들이 원하지 않지만 공산주의는 도래할 것이다'란 말은 어떤 새로운 보편적 김일성, 또는 그런 것을 강요하는 무언가를 통해 공산주의가 도래할 것이라는 뜻이 아닙니다. 오히려 사람들은 공산주의를 원하지 않지만 그럼에도 불구하고 그들은 공산주의를 창출하게 될 것이란 뜻입니다. 공산주의는, 현명한 공산당이 그것을 강요하는 식으로 도래하지 않을 것입니다. 공산주의는 이런 사람들, 그러니까 죽으면 애도하기 위해 새들이 모여드는 그런 사람들한테서 비롯되는 것이 아니기 때문입니다. 공산주의는 의도하지 않은 결과의 형태로 도래할 것입니다. 아마도 공산주의와 싸우려 하는 그런 사람들에 의해서 말입니다. 왜 그럴까요? 오늘날 우리가 공산주의라고 부르는 것은 제가 보기에 정말 대단한 역설이기 때문입니다. 중국에서 공산주의자들은 권력을 휘두르는 자리에 있고, 오늘날 자본주의를 가장 잘 운영하는 사람들이 바로 공산주의자인 것 같습니다. 자유주의자들보다 훨씬 더 효율적으로 운영하는 듯 보입니다만, 이것이 후쿠야마에 대한 공산주의자의 대답일지 모른다는 생각도 듭니다. 예, 맞습니다. 자본주의가 승리했고, 한때 공산주의자들이었던, 아니 공산주의자도 아니었던 우리가 오늘날의 자본주의를 가장 잘 운영하는 책임자들이 된 것입니다. 이는 매우 심각한 문제입니다. 최근에 쓴 몇 권의 책들에서 제가 주장하는 바는, 오늘날의 자본주의가 더 이상 민주주의를 자신의 이상적인 정치적 포럼으로서 필요로 하지 않는다는, 또는 점점 더 그렇게 돼가고 있다는 것이었습니다. 그리고 이는 우리 모두를 걱정하게 만드는 경향이 아닐 수 없다는 생각이 듭니다. 반복하자면 사람들은 공산주의를 원하지 않을 것입니다. 하지만 이는, 사람들이 복수심의 발로로 그것을 원하지 않는다는, 그런 의미는 아닙니다. 라캉의 정신분석학은 '사람들이 원하는 것과 사람들이 욕망하는 것' 사이의 틈새에 주목합니다. 라캉주의자라면 아시겠지만 저는 교묘하게 논의하는 그런 사람이 아니고, 사람들이 공산주의를 욕망하지 않는다고 말한 적이 없습니다. 제가 주장하는 바는, 사람들이 공산주의를 욕망하지만 그들은 그것을 원하고 있는 줄 모른다는 점입니다. 보통 우리는 우리가 욕망하는 바로 그것을 원하지 않습니다. 그런 경우 본 적 없으십니까? 이 점은 정신분석학이 주는 기초적인 교훈입니다. 사람들은 항상, 자기들이 무엇인가를 욕망하고 있다고 생각합니다. 하지만 그 욕망하는 것에 가까이 다가갔을 때 그들은 그것이 가장 끔찍한 것임을, 그래서 차라리 소유하지 않는 편이 더 나은 선택임을 발견하게 됩니다. 저는, 여러분들이 원하는 것과 여러분들이 욕망하는 것이 동일하지 않을 것이라 생각합니다. 이것은 대단한 비밀은 아니지만 꽤 괜찮은 비밀입니다. 다시 한 번 말해볼까요? 공산주의는, 사람들이 그것을 원하지 않는데도 불구하고 도래할 것입니다. 대단한 것은 아니지만, 이것이 제가 전하고 싶은 것입니다.

하지만 그것은 모두 사람들이 공산주의를 통해 뜻하려는 바가 무엇이냐에 달려 있습니다. 잘 모르겠습니다. 저는 그저 공통적인 것과 관련해서 문제가 있다는 점을 알고 있을 뿐입니다. 생태학이나 뇌과학, 또는 더 나아가 지적 재산권 같은 것들을 봅시다. 그런 것들이 자본주의를 망치고 있지 않습니까? 자본은 지적 재산권이란 문제를, 경제적으로 다룰 수 없습니다. 이 문제는 모든 상황을 망치는 결과를 가져오거나 아니면 새로운 질서를 탄생시키게 될 것입니다. 이것이 제가 하고자 하는 말의 전부입니다. 무엇이 여러분을 괴롭게 만들고 있는지, 저는 잘 알고 있습니다. 지금 하는 얘기를 조금 더 할 수 있을까요? 아주 중요한 것이라서. 정말 바보 같은 질문은 이런 것입니다. '만약 그럼에도 불구하고 공산주의가 그런 끔찍함으로 20세기에 무언가를 의미했다면, 왜 그 단어를 계속 써야 하는가? 다른 단어, 이름을 쓰면 안 되는가?' 저는 그 이유를 네 가지 정도 들 수 있습니다. 첫 번째로 공산주의는 진정한 문제, 다시 말해 공통적인 것의 문제, 전지구적 자본주의 속에서는 결코 해결될 수 없는 바로 그런 문제에 대한 이름입니다. 두 번째로, 공산주의는 적어도 쉽사리 메울 수 없는 것에 대한 명칭입니다. 만약 당신이 '자유', '정의', '사회주의'라고 말한다면 지배적인 이데올로기에 의해 전유된 채 이미 패배해버린 것입니다. 세 번째로 세계 모든 국가들에는 특정한 공산주의적 전통이 있습니다. 고대의 가난한 농부들의 반란에서 인류평등을 부르짖는, 이른바 유럽의 천년왕국주의자들이 벌인 반란들에 이르기까지 어떤 의미에서 보면 우리는 여전히 공산주의 전통에 충실한 상태로 남아 있는 것 같습니다. 이런 맥락에서 좀 냉소적으로 들릴지 모르겠지만 제게는 매우 중요한데, 우리는 모두 정치적 기획이라는 것이 어떤 끔찍한 결과들을 초래할지 잘 알고 있습니다. [1917년 당시 후발 자본주의 국가인 제정러시아에서 일어난] 10월 혁명이 한 예가 될 수 있을 것입니다. 사람들은 무엇인가 대단한 것을 원했지만 그것은 악몽으로 끝나버리고 말았습니다. 스탈린주의도 그렇고, 파시즘보다 더한 여러분의 북쪽 형제들도 그렇습니다. 그렇지만 저는 이렇게 말씀드리고 싶습니다. 만약 우리가 새로운 급진적인 움직임을 원한다면, 늘 위험을 경고하는 이름을 갖는 편이 더 낫다. 여러분이 불장난칠 때를 한번 생각해봅시다. 그런 장난은 매우 끔찍하게 끝이 날 수도 있습니다. 저는 이 이름이 좋습니다. 그저 공산주의라는 열정을 담은 이름이어서가 아니라, 제게 '우리가 이것을 할 수 있다고 확신해? 만약에 말이야, 전혀 의도하지도 않았는데 이것이 새로운 재난을 부르면 어쩌지?'라고 늘 말해주는 이름이기 때문입니다.

질문자: 이런 강연을 들려주신 점 정말 감사하게 생각합니다. 존경하는 지젝 교수님. 최근 이집트에서 벌어지고 있는 일, 그러니까 그들의 혁명이 퇴보하고 있는 상황, 스콧 워커Scott Walker 주지사가 있는 위스콘신 주 상황[15]이라든가, 파라과이에서 발생한 쿠데타라

---

15 공화당 소속 주지사가 경제위기로 인한 세수 감소를 근거로 공무원들의 단체행동권을 제약하는 소위 반노조 법안을 제출하면서 빚어진 갈등을 일컫는다. 워커 주지사가 입안한 반노조법은 교사와 공공부문 노동자의 집단적인 노동계약 및 노동조건에 대한 교섭권을 폐지하며, 단체협약의 범위도 연금과 건강보험은 제외시킨 채 임금 부문으로 한정한 데다 임금 인상안마저 인플레이션 비율보다 많이 요구할 수 없게 돼 있다. 게다가 퇴직 예정 노동자 수 대비 신규 채용 규모도 제한될 상황이었다. 이에 위스콘신 공공노조의 주도로 2011년 2월 중순부터 시작된 주 청사와 의회 점거 파업은 최대 8만 명 규모의 연대 · 동조 시위로 이어지면서, 여타 지역으로 확산되기도 했다. 그러나 3월 주 의회의 공화당 소속 의원들은 결국 법안을 단독으로 통과시켰고, 헌법재판소도 이를 정당화했다.

명명되는 대통령 탄핵[16], 또 거의 매일 뉴스를 장식하고 있는 생태(학)적 재난들, 이런 상황 속에서 어디에 희망을 걸고 계신지 알고 싶습니다. 공산주의 기획, 가장 이상적인 의미의 공산주의 기획에서 가장 큰 장애물 중 하나는 사람들과 관련되어 있는 것 같아서입니다. 그리고 사람들이 공산주의를 원하지 않지만 욕망한다고 하셨는데, 그것이 그렇게 중요한 문제입니까? 이런 맥락에서 저는 교수님이 말하는 긍정적인 미래가 어디에 있는지 궁금합니다.

지젝: 먼저 제가 대단한 낙관론자가 아니라는 점을 말씀드려야 할 것 같습니다. 전통적인 맑스주의에서 볼 수 있는 존재론적인 보증, 그런 것을 전 발견하지 못하겠습니다. 전통적인 맑스주의는 그럼에도 불구하고 역사의 근본 논리가 우리를 자본주의로부터 사회주의로 이끌어갈 것이라고 주장하지만 말입니다. 역사가 제 스스로 흘러가도록 내버려 둔다면 오히려 대재난을 향해가지 않을까요? 그렇지만 제가 여전히 말하고 싶은 것은, 신학적인 용어를 사용하자면 제가 '여기저기에서 나타나는 기적들'이라고 지적

16 2012년 6월 22일 파라과이 상원이 루고 대통령을 탄핵하면서 빚어진 사태를 일컫는다. 명목상의 탄핵 이유는 6월 17일 발생한 농업노동자들과 경찰 간에 벌어진 유혈 충돌 사태와 그에 대한 책임 요구였다. 하지만 실제로는 상원으로 상징되는 농업자본가 세력 등 전통적 지배계급 주도로 이뤄진 사실상의 쿠데타라고 평가받는다. 파라과이는 오랫동안 아메리카대륙 최악의 독재국가로, 콜로라도당으로 규합된 극소수 농산업 부르주아지 계급에 의해, 그리고 이들만을 위해 조직돼왔다. 같은 기간 대부분 토착 인디오 출신인 농민/농업노동자 계층은 비참한 상태로 살아왔지만, 자유당 같은 반독재 야당도 도시엘리트 계층을 주로 대변할 뿐 이들을 외면하긴 마찬가지였다. 반면 상원에 탄핵된 페르난도 루고는 해방신학과 연계돼 '빈민을 위한 주교'로도 불린 가톨릭 신부 출신으로, 파라과이 최초의 정치적 유화 국면이었던 2008년 대선에서 자유당 소속 정치인과 함께 출마해 당선됐다. 루고 대통령에 대한 파라과이 상원의 탄핵이 사실상의 쿠데타로 평가받는 데는 이와 같은 역사적 맥락이 깔려 있다.

공산주의자가 된다는 것이 제게 뜻하는 바란 이렇습니다. 우리가 어떤 막다른 상황에 다가서고 있음을, 상황이 막연하게나마 지금 같은 식으로 그렇게 진행될 수는 없다는 것을, 또 어떤 전통으로 돌아간다고 해도 해결책을 찾을 수 없음을 인정하고 받아들이는 것. 공산주의자가 된다는 것은 바로 이런 것입니다.

할 만한 것들이 있다는 점입니다. 이집트의 경우가 적확한 예일 수 있을 것입니다. 거기서 일어난 일은 정말로 일어났습니다. 사실 이런 일은[언제든] 일어날 만했습니다. 하지만 1년 전까지만 해도 어느 누구도 이런 일이 벌어지리라고 생각하지 않았다는 점, 다시 말해 아주 일반적인 인종주의적 관점에 의거해 거대한 아랍 국가들을 선동하기 위해서는 국가주의나 반유대주의 아니면 종교적 근본주의를 이용해야 한다고 생각했다는 점을 기억할 필요가 있습니다. 그리고는 거대한 폭동이, 그러니까 반유대주의의 흔적이라고는 전혀 없는, 세속적이고 민주적인 성격의 봉기가 발생했습니다. 무엇인가가 폭발한 것입니다. 대재난에도 불구하고, 어떤 측면에서는 쿠데타임에도 불구하고 (누가 알겠습니까? 앞으로 어떤 일이 벌어질지) 그 결과가 제로는 아니라는 점을 강조하고 싶습니다. 이집트에서 온 제 친구들의 이야기에 따르면, 이집트 시민사회의 각성을 평가절하해서는 안 됩니다. 노동조합, 여성들, 학생, 소수자들, 이런 것들을 전혀 떠올릴 수 없었고, 아주 소규모인 공산주의당과 무슬림형제단 말고는 그간 아무 것도 없었음을 감안해야 합니다. 그러나 이제 시민사회의 결들이 상당히 복잡해졌습니다. 페미니스트들이니 노동조합이니 학생들, 지식인을 고려하지 않을 수 없게 됐기 때문입니다. 그리고 정말 흥미로운 점은 그들을 통제했던 바로 그 사람들이 시민사회를 구성하는 이들의 언어를 어느 정도 수용하지 않을 수 없게 됐다는 것입니다. 예를 들어 무슬림형제단의 새 지도자가 '우리는 다른 이들을 받아들일 것입니다. 이슬람인이 아닐 수도 있겠지만' 같은 말을 해야 하는 상황이 된 셈입니다. 국면이 바뀌었습니다. 군부 세력과 무슬림형제단 사이에 갈등이 일어날 것이라는 바로 그 사실이 이를 증명합니다. 여러분들도 알다시피 적이 분열되어 서로 싸우고 있을 경우 그곳에서 우리는 어떤 희망을 찾을 수 있습니다.

유럽과 관련해서도 마찬가지 이야기를 할 수 있겠습니다. 그리스에서 어떤 기적이 일어날 뻔했는지는 다 아시지요? 급진적인 좌파정당 시리자Syrzia가, 보통 1~3퍼센트 정도의 득표율을 보여주던 그 정당이 거의 최강의 정당으로 폭발할 지경에 이르렀습니다. 유럽 전체가 패닉 상태에 빠져버렸습니다. 정말 슬픈 일이긴 하지만, 그들이 지는 편이 더 나았을지도 모르겠습니다. 왜인 줄 아십니까? 그들은 정말 정직하고 아주 현실적인 사람들입니다. 몽상가들이 아니었다는 얘기입니다. 브뤼셀 상주 외교관인 제 친구들한테 들은 바에 따르면, 시리자가 승리할 경우를 대비해 유럽은 이미 엄청난 규모의 제재 조치를 준비 중이었습니다. '그리스를 그들의 원래 화폐인 드라크마로 돌아가게 만들자. 경제적으로 그들을 고립시키고는 앉아서 그들이 망해가는 상황을 지켜보자.' 이런 심산이었던 것입니다. 제가 이야기하려는 것은, 만약 시리자가 이겼다면 유럽의 기존 체제는 그들을 일종의 실패 모델로 만들어, 좌파들한테 한 번, 그렇지만 그 효과가 오래 지속될 경고를 주었으리라는 점입니다. 여기서 우리는 또 다른 아이러니에 주목할 필요가 있습니다. 도대체 누가 시리자의 가장 포악한 적이냐는 것입니다. 세계에서 유일하게 남아 있는, 오래된 진지한 공산당입니다. 여기서 제가 '진지한'이라는 단어를 쓴 이유는, 보통은 8~10퍼센트의 득표율을 차지하는 바로 그 정당이 여전히 스탈린주의에 찬성하는 입장이고, 또 주기적으로 스탈린의 모든 저작을 출간하고 있기 때문입니다. 이들의 적은 고르바초프도 아닙니다. 최초의 배반자인 후르쇼프Khrushchev입니다. 여기서 아이러니는 이들이, 도착적으로 보이지만, 보통은 의회에서 보수주의자들과 함께 새로운 민주주의에 찬성표를 던진다는 것입니다. '제가 대단한 희망을 가지지 않는 이유가 바로 여기 있습니다. 저는 그저 새로운 위기들, 더 심해지는 무질서를 지켜볼 뿐입니다. 아마도 이런 위기나 무질서들이 무엇인가 새로운 일을 하도록 사람들을 다그칠지 모릅니다. 아니, 아마도 상황은 더 나빠질 수도 있을 것입니다. 저는 확신합니다. 이것은 사실 제 신조인데, 여전히 우리가 어느 정도까지는 유지 중인 것, 그러니까 비교적 자유롭게 번성하는 민주주의는, 그것이 지속되는 한은 그리 나쁘진 않겠지만 무한정 계속될 수는 없다는 것입니다. 제 순진한 믿음으로는 그렇습니다. 미래는 유럽 사람들이 다소 인종중심적인 용어를 사용하면서 말하는 것, 다시 말해 '아시아적 가치들로 특징지어지는 자본주의'(사실 이는 아시아와는 전혀 상관이 없습니다. 간단히 말해 그것은 새로운 분리와 새로운 장벽, 새로운 분할들을 갖춘 권위주의적 자본주의를 말합니다)이거나 아니면 새로운 어떤 무언가일 것입니다. 저는 어떤 존재론적인 보증도 할 수 없습니다. 역사는 우리 편이 아닙니다. 밝은 미래가 도래하리라고 말하고 있는 것이 아니라는 것입니다. 다만 저는 만약 어떤 일이 일어나지 않는다면 미래는 매우 어두워질 것이라 말하고자 합니다. 제가 말하려는 것은 이것이 다입니다.

질문자: 강연 잘 들었습니다. 오늘 여기에 굉장히 많은 사람들이 모였습니다. 지젝 선생님이 인기가 참 많다는 것을 얘기해주는 것이라 생각합니다. 공항에서 많은 사람들이 기다릴 정도는 아니었지만, 이렇게 많은 사람들이 선생님 강연을 듣기 위해 모였고 심지어 외국에서, 이코노미석을 타고 왔는지 비즈니스석을 타고 왔는지는 모르겠지만, 외국 분들까지 이 자리에 많이 왔습니다. 이것을 보면서 한 가지 걱정이 듭니다. 물론 선생님이 굉장히 급진적이고 반자본주의에 관한 새로운 얘기를 하기 때문에 선생님한테 열광하는 것이라 생각되지만, 한편으로는 마치 스타벅스 커피를 마시면서 아프리카 아이들을 돕고 있다고 생각하는 것처럼, 자본주의 사회 속에서 자본주의에 반대하는 지젝의 얘기를 알고 있다고 자랑할 수도 있습니다. 마치 그것이 마음의 위안이 되는 양 선생님을 소비하고 있다는 것입니다. 지젝이라는 이름, 선생님이 내놓은 이론이 반자본주의 이론 중 하나로 소비될 수 있습니다. 선생님 얘기를 알고 있는 것은 지적 허영심이나 자족감을 안겨줄 뿐일지도 모른다는 것입니다. 선생님은 이에 대해 어떻게 생각하시는지 궁금합니다.

지젝: 아주 훌륭하고도 비판적인 질문입니다. 고맙습니다. 먼저 저는 마지막으로 이 비즈니스석 티켓과 관련해서 제가 말하고자 하는 바를 명확히 짚고 넘어가고 싶습니다. 이 문제와 관련해서 다소 어두운 측면이 없지 않습니다. 저는 예순 셋의 나이에, 당뇨병을 앓고 있고 심장도 좋지 않습니다. 의사는 조언하길 장시간

비행기를 타는 여행은 피하라고 합니다. (웃음) 이런 어두운 측면을 고려하지 않을 수 없다고 말하게 돼 유감입니다. 그리고 바로 이것이, 제가 비용이 상당히 드는 만남을 피하지 않는 이유이고, 제 친구들은 이에 대해 잘 알고 있습니다. 지금 이 자리에 있기 위해서는 어떤 생물학적인 대가를 치러야 한다는 것입니다. 예를 들어 어젯밤에 저는 14시간을 잤습니다. 지금 저는 위선적인 행동을 하고 있는 것이 아닙니다. 그리고 저는 사실 비즈니스석을 좋아합니다. 그 자리에 앉아서 제가 고통스러워하는 것은 아니라는 말입니다.

하지만 정말 진지하게 고려한다면 질문자께서 지금 말한 것은 매우 정확하고, 제가 어찌 답할지 질문자께선 이미 알고 있을 것입니다. 저는 이런 위험에 대해서도, 그리고 그런 지적이 저에 대한 전형적인 비난이 되고 있다는 것도 익히 알고 있습니다. 며칠 전 뉴욕에서 겪은 일을 얘기해볼까요? 존 그레이John Gray의 서평[17]이 문제가 됐는데, 제 이론의 논의 구조가 자본주의적 기제에 아주 이상적으로 들어맞는다는 비판이었습니다. [여기에는] 이런 비난과

17 이 서평에 대한 우리말 번역글은 네이버블로그 '문강형준의 읽기'에서 찾아볼 수 있다. 그레이는 맑스주의와 신자유주의를 모두 계몽주의의 유산으로, 또 유토피아 기획으로 비판하면서 널리 주목받았다. 철저한 반反휴머니스트로 알려져 있으며, 현실주의 철학이 오늘날 되살아나는 데 공헌한 철학자로도 평가받는다. 한국어판 저서로는 자유주의 사상의 변천사와 발상법을 개관한 『자유주의』(손철성 옮김, 이후, 2007), 구원과 진보에 대한 인간의 신념이 불러온 파괴적 결과를 성찰한 『하찮은 인간, 호모 라피엔스』(김승진 옮김, 이후, 2010), 서구 정치사가 좌우파를 막론하고 사실상 기독교적 종말론에 그 뿌리를 두고 있으며 얼핏 적대적이기 그지 없어 보이는 이슬람 근본주의와도 사상적 쌍생아 관계에 있음을 밝힌 『추악한 동맹』(추선영 옮김, 이후, 2011)이 있다. 2008년까지 런던경제대학(LSE) 유럽사상 교수로 재직했고 지금은 〈가디언〉과 〈뉴 스테이츠먼〉, 〈타임스 리터러리 서플리먼트〉 같은 매체에 정기적으로 글을 기고하고 있다.

마찬가지로 제가 믿지 않는 어떤 것이 전제됩니다. 다시 말해 자본주의는 어떤 것이든 재통합시킬 수 있는 무한한 능력을 가지고 있다는 것입니다. 이렇게 재통합된 것을 자신이 벌이는 게임의 일부로 만든다는 것인데, 이는 결국 무엇을 비판하든 간에 당신은 이미, 비판하고 있는 바로 그것의 일부가 돼 있다는 얘기입니다. 먼저 저는 제가 이런 위험을 아주 깊이 인식하고 있다는 (어느 정도까지 깊이 인식하고 있는지 여러분은 상상할 수 없을 것입니다) 점을 알려드리고 싶습니다. 사실 이는 이데올로기에 대한 제 이론의 기본 명제이기도 합니다. 여러분은 제가 이 명제를 어디서 처음 발견했는지 아십니까? 공산주의자였던 젊은 시절, 우리는 늘 정치인들에 대한 농담을 하곤 했습니다. 그리고 때때로 저는 정치인들에 대한 이런 농담이 단순히 묵인되는 것만이 아니라는 생각을 하곤 했습니다. 심지어 저는, 슬로베니아 공산당의 중앙위원회에서 이런 농담들을 만들어 통용시키고 있지 않은가 의심하는 지경까지 가기도 했습니다. 거의 편집증적인 생각이긴 합니다만, 멋지지 않습니까? 그런 농담이 일종의 안전 밸브 역할 같은 것을, 다시 말해 사람들로 하여금 긴장을 풀고 좀더 편안하고 좋은 느낌을 갖도록 만들어주는 역할을 하는 것처럼 보였기 때문입니다. 농담을 통해 긴장을 풀어냄으로써 힘든 일상 생활을 좀더 참아낼 수 있게 되는, 그런 논리라고 할 수 있겠습니다. 바로 여기서부터 다른 모든 형태의 저항들이 완벽하게 작동하기 시작합니다. 심지어 이 때문에 저는 사이먼 크리칠리Simon Critchley와 격렬하게 논쟁을 벌이기도 했습니다.[18] 「저항은 곧 굴복Resistance is Surrender」이란 글에서 그를 공격한 것도 바로 이런 맥락에서였습니다. 급진적인 척하는 좌파 시학들을 통해 작은 집단들의 저항은 이야기될 수 있을지 모르겠습니다. 그런 저항은 어느 지점에서만 작동할 수 있다는 것입니다. 사실 그것은 체계 자체에 어떤 손상을 가하지는 못합니다. 오히려 체계가 기능할 수 있도록 도와주는 역할을 합니다. 미국의 마약 상인들과 좀 비슷하다고 할 수 있습니다. 경찰은 이들 마약 상인들과 싸우지만, 동시에 자신의 존재를 정당화하기 위해 마약 상인들이 필요합니다. 저는 이런 것에 대해 잘 알고 있습니다. 그렇지만 제 희망은 이렇습니다. 이 모든 것이 사실이라고 해도, 또 여러분이 저를 여러분의 스타벅스 커피로 이용하고 있다고 해도 그렇습니다. 이렇게 저를 이용하면서 여러분은 또한 '세상에, 내가 비판적으로 사유하고 있네. 난 무엇인가를 해낸 거야'라고 느낄 것입니다. 이데올로기를 설명할 때 사람들은 보통 그것이 처음에는 진정한 가르침이었다가 인위적인 것으로 타락해 결국에는 지

---

18 크리칠리와 지젝 사이에 벌어진 논쟁은, 2007년 당시 영국의 격주간지 〈런던 서평London Review of Books〉 11월 15일자에 크리칠리의 신간 『무한히 요구하기Infinitely Demanding』에 대한 지젝의 서평이 「저항은 곧 굴복」이란 제목으로 실린 데서 비롯됐다. 크리칠리는 2008년 2월 미국의 월간지 〈하퍼스매거진〉에 지젝의 서평글이 다시 실리자 이에 대한 반박글을 같은 잡지 5월호에 기고했는데, 지젝은 자신의 서평글을 증보해 같은 해 출간된 책 『잃어버린 대의를 옹호하며』(이현우 옮김, 그린비, 2009)에 포함시켰다. 따로 얘기할 자리를 가지겠노라 했던 크리칠리가 자신의 견해를 밝힌 건 2012년에 출간된 신간 『믿지 않는 자들의 믿음The Faith of the Faithless』에서였다.
크리칠리는 현재 뉴욕 소재 뉴스쿨의 교수로 데리다와 레비나스, 하이데거 같은 20세기 철학자들에 대한 독창적인 독해로 주목받아왔다. 그에게 철학은 종교적 · 정치적 실망에서 비롯하고, 종교적 실망은 의미와 허무주의라는 문제 혹은 질문으로 우리를 이끌며, 정치적 실망은 정의에 대한 문제제기와 올바른 윤리(학)의 요구를 낳는다. 또한 그에게 자유민주주의는 이신론理神論의 정치적 표현이다. 한국어판 저서로는 『죽은 철학자들의 서』(김대연 옮김, 이마고, 2009)가 있다.

배 계급에 통합되고 그를 위해 봉사하게 된다고 말합니다. 하지만 이와는 정반대되는 상황이 또한 발생하고 있음을 그들은 알고 있을까요?

지배 계급의 통제, 조작인 것처럼 무언가가 시작됐다가 결국은 민중들이 그것을 이어받게 되는 그런 상황이 저를 종종 매혹시켜 왔습니다. 16세기 스페인의 정복 이후 멕시코에서 전개된 기독교의 상황이 이를 잘 보여주는 예가 될 수 있겠습니다. 처음에 기독교는 분명히 식민지 개척자들에 의해 강요된 것이었습니다. 그런 다음 어느 한 마을에서 인디언 소녀가 그 유명한 과달루프의 처녀, 검은 성모 마리아로 출현하게 됩니다. 이는 가톨릭이 갑자기 단순히 이데올로기에 머무는 것이 아니라 담론이라는 도구적 공간이 되는, 다시 말해 사람들이 자신들의 불만이나 고통을 논할 수 있는 그런 공간으로 기능하게 되는 순간입니다. 지금 여러분께 말할 수 있는 것은, 여기저기에서 그런 일이 일어나고 있는 것을 볼 수 있게 돼 무척 기쁘다는 점입니다. 여러분은 우스운 일이라 생각할지 모르겠지만, 요즘 그리스에서 누군가가 제 이름을 말하면 농담이나 지껄이는 미친 철학자로만 여겨지지 않는답니다. 거기서 저는 선거에서 거의 승리할 뻔한 그 시리자 당과 깊은 관계를 맺고 있는 사람으로, 그들을 도운 사람으로 통한다고 합니다. 실제로 벌어지고 있는 일입니다. 권력을 차지하고 있다는 사람들도 이런 식으로 반응하는 모양입니다. 이번 선거에서 승리한 신민주당은 선거 일주일 전에 국민들을 상대로 대규모의 성명서를 발표했는데, 이 발표에서 그들은, 제가 시리자 당의 대표인 알렉시스 시프라스 Alexis

Tsipras의 비밀 멘토이며 시리자에 비밀스런 지침을 주고자 그 곳에 왔다고 주장했습니다. 어떻게 이럴 수 있었을까요? 만약 시리자가 이긴다면 그들은 어떻게 그리스에 폭력적인 경찰국가를 세우게 될까요? 이런 식으로 그들이 저를 공격할 때, 저는 그러한 폭력적 공격들을 좋아합니다. 그것들은 어떤 신호, 다시 말해 저에 대해서 '그 친구 웃기는구만. 됐어. 가자'라고만 하고 지나칠 수 없다는 어떤 신호이기 때문입니다. 이는 또한 제가 단순히 스타벅스 철학자가 아니라는 의미도 됩니다. 어떤 희망이 있다고 생각하는 이유도 여기에 있습니다. 그에 대해 의심하는 것은 아니지만 저는 여기 열린 마음으로 남아 있을 것입니다. 저는 많은, 아니 아마도 대부분의 경우에 그러리라는 것을 의심하지 않습니다. 질문한 분이 말한 대로입니다. 그렇지만 여기서 제가 분명히 말할 수 있는 것은 랑시에르나 바디우, 하트와 네그리, 또 그들과 비슷한 다른 사람들의 경우도 상황은 마찬가지일 것이라는 점입니다. 그들은 모두 미국 학계의 다중을 좋아합니다. 왜인 줄 아십니까? 그곳에서 그들이 대중을 읽어내는 방식과 연관되는데, 만약 여러분이 이런 포스트모던한, 디지털화된 그런 사람일지라도, 또 그렇게 해서 성공한 사람이라 할지라도 여전히 극단적으로 전복적인 무엇인가를 할 수 있기 때문입니다. 사람들은, 자신이 무엇을 하고 있는지 모릅니다. 질문한 분이 설명하고 있는 그대로입니다. 미국에서 학생들이나 학계가 가진 커다란 욕망은, 바로 그들의 삶에 최소한의 위협도 가하지 않은 채로, 아니 오히려 그들의 경력에 도움이 되는 식으로 극단적이고 전복적인 어떤 일을 벌이고 있다고 느끼는 것, 바로 그것입니다. 제가 여러분께 정말 감사함을 느끼는 이유도 바로 여기 있습니다. 저는 지금 여기서 기적이 일어나고 있다는 생각입니다. 사실 미국 같은 데서 제 인기가 상당하긴 합니다. 하지만 그것은 논쟁의 여지가 있는 그런 인기입니다. 학계에 아무런 결과들도 남기지 못하고 있기 때문입니다. 제 사유 경향에 영향을 받은 경우를 찾기 어렵다는 말씀입니다. 뭐 여기저기서 강의를 하고 있는 몇몇 친구들이 있기는 합니다. 그러나 우리의 생각대로 움직여주는 학과는 하나도 없습니다. 저보다 훨씬 더 급진적이라고 주장하는 다른 사람들을 한번 봅시다. 제 친구인 주디스 버틀러Judith Butler가[19] 한 예가 될 수 있겠습니다. 유감스럽지만 그녀는 학계에서 엄청난 권력을 행사하는 인물입니다. 그녀가 추천서를 써주기만 하면 일자리를 얻을 수 있는 것입니다. 저도 석 달 전 제 친구에게 추천서를 써주었습니다. 그런데 그 친구는 이렇게 말했습니다. '네 추천서 때문에 자리를 얻지 못했어. 거의 내 자리였는데 말야. 사람들이 이러더라고. 지젝이 추천서를 써준 사람이면 정말 끔찍한 사람임에 틀림없다고 말이지,' 이랬다는 것입니다. 지금까지 한 얘기가 질문자께서 말한 스타벅스, 그런 개념에 다소 들어맞지 않는 그런 잔인한 실제 공격들이긴 하지만, 아무튼

19 페미니스트 정치철학과 퀴어이론 영역에서 크게 주목받아온 연구자로, 캘리포니아대학교 버클리캠퍼스에서 비교문학을 가르치고 있다. 한국어판으로 출간된 (공)저서로는 그의 대표작이라 평가받는 『젠더 트러블』(조현준 옮김, 문학동네, 2008) 외에도 『불확실한 삶』(양효실 옮김, 경성대출판부, 2008), 『누가 민족국가를 노래하는가』(스피박과 공저, 주해연 옮김, 산책자, 2008), 『우연성, 헤게모니, 보편성』(지젝 · 라클라우와 공저, 박미선 · 박대진 옮김, 도서출판 b, 2009), 『의미를 체현하는 육체』(김윤상 옮김, 인간사랑, 2003), 『안티고네의 주장』(조현순 옮김, 동문선, 2005)이 있다.

그렇습니다.

저는 질문자의 지적에 전적으로 동의합니다. 하지만 다른 한편으로 이는 영웅적으로 무릅써야 하는 위험이기도 합니다. 실제로 더러운 농담들을 들어본 적도 없는 여러분한테 이런 더러운 농담들을 전하고 있는 것, 그런 제가 훨씬 더 낫다는 생각입니다. 사람들에게 다가가기 위해 인기를 포기하는 셈입니다. 여기서 말하는 사람들이란 물론 돈을 가진 '부유한 사람들'이 아닙니다. 사람들에게 다가가 그들을 이해하기 위해 이런 학문적 고립을 즐기며 여러분이 홀로 얼마나 급진적인 사유를 하고 있는지 생각하는 것, 이쪽이 더 낫다는 생각입니다. 여기에는 상당한 위험 부담이 뒤따릅니다. 제가 여기서 말할 수 있는 것이라고는 또 다른 예뿐입니다. 제 친구들이 학계에만 있는 것은 아닙니다. 인도에 갔을 때 저는 거기서 네팔 사람들도 만났고 마오주의자도 만났습니다. 제가 그저 농담만 하고 있는 것이 아니라는 점, 사실 그 속에 칼을 숨기고 있다는 점을 아시면 아마 여러분들은 굉장히 놀랄 것입니다. 무슨 의미인지 아시겠지요?

질문자: 공산주의가 불가피하게 요청된다고 하셨습니다. 하지만, 지금 우리에게 필요한 것은 자본주의도, 맑스가 자본주의에 대한 처방이라며 내놓은 공산주의도 아닌 제3의 길 아닌가요? 그런데도 왜 공산주의를, 그것도 폭력적인 계급투쟁까지 해야 할지 모르는 그런 공산주의를 해야 한다는 건지….

사회: 하고 싶은 말씀 다 하셨습니까? 지금껏 두 시간 넘게 한 얘기가 공산주의는 그런 얘기가 아니라는 것입니다만….

지젝: 간단히 대답해보겠습니다. 굉장히 좋은 질문이라서, 할 수만 있다면 그렇게 해보고 싶습니다. 질문한 분의 요지는 공상과학 소설 같은 데서 나오는 질문, 다시 말해 '… 하면 어떡하지?'라고 할 수 있을 것입니다. 우리는 어떤 맑스를 되살리려는 것일까요? 만약 우리가 150년 전의 맑스를 되살리려고 한다면 저는 가차 없이 그가 아무 것도 이해하지 못할 것이라 말할 수 있습니다. 이런 의미에서 그는 매우 제한적입니다. 예를 들어 맑스는 그의 수학 원고에서 허수에 대해 전혀 고려하지 않습니다. -1의 제곱근을 전적으로 무의미한 것으로 간주하는 식입니다. 이런 식으로 제 생각을 정리해보겠습니다.

맑스가 [공산주의에 대한] 자신의 처방을 내놓았다고 질문자께서는 말했지만, 저는 그가 어떤 처방도 내리지 않았다고 생각합니다. 사실 그는 완전히 혼란스러운 상태였습니다. 실제 토론이나 조처들에 대해서도 이랬다저랬다 합니다. 한때 그는 국가중심주의에 보다 더 찬성하는 입장이었습니다. 그러다가 파리 코뮨이[20]

20 1871년 3월 18일~5월 28일에 이르기까지, 보불전쟁 패배의 여파 속에서 불거진 프랑스 정부의 학정과 무능에 맞서고자 노동대중이 스스로 꾸렸던 공산/사회주의 지향의 민주적 자치체를 일컫는다. 프랑스 혁명 직후 아이티의 이주 흑인들이 자본주의적 노예제에 대항해 일으킨 봉기와 그에 따른 독립과정이 최근 재조명받기 전까지, 근대자본주의 세계에서 처음으로 좌파적 사회정책들이 실현, 제도화됐던 시기 또는 역사적 사건으로 알려져왔다. '피의 일주일'이라고도 불린 프랑스 정부군의 잔혹한 진압과 체포 조치 탓에 비록 두 달여 만에 사라졌지만, 그 후 오늘날까지 반자본주의적인 해방사상 조류와 사회(주의)운동에 지속적이고도 광범한 영향을 끼쳐왔다.

등장하게 되었고, 그러자 그는 '마침내 이것을 우리가 발견하게 됐다'고 합니다. 사실 우리가 조심해야 할 것은 이뿐만이 아닙니다. 제가 보기에, 오늘날 맑스주의자가 된다는 것은 단순히 맑스한테로 되돌아간다는 의미가 아니라 맑스의 분석을 근본적으로, 비판적으로 재구성해야 한다는 것을 뜻합니다. 물론 그의 분석 중 몇 가지 세부사항들만 고치면 된다는 그런 의미가 아닙니다. 문제는 우리가 그의 공산주의 개념, 바로 그 속에서 찾아낼 수 있게 된 근원적인 결함들입니다. 예를 들어 제가 생각하기에, 맑스의 공산주의 개념은 여전히 자본주의적입니다. 이것이 도대체 무슨 말일까요? 맑스의 [견해 속에서] 자본주의는 인류사상 가장 혁명적인 역학 체계입니다. 자본주의는 끊임없는 자기혁신이나 자기혁명을 통하지 않고는 살아남을 수 없습니다. 맑스의 사유에 따르면 어떤 지점에서 자본주의적 틀은 제약 요소가 돼버리고, 이런 이유에서 우리는 사적 소유의 형태를 포기해야 합니다. 여전히 발전이 자유롭게 폭발적으로 계속해서 이뤄지고 있는 동안에 이런 일들이 이뤄진다는 것입니다. 저는, 맑스가 자본주의 형식을 갖추지 않은 자본주의를 꿈꿨다고 생각합니다. 그는 이런 역학이 자본주의라는 틀 안에서 어느 정도까지 가능할 것인가에 대해서는 별로 생각하지 않았던 것이 아닌가 합니다. 맑스는 자신이 장애물로 잘못 인식한 바로 그것이, 역설적으로 가능조건이 되는 상황을 제대로 인식하지 못했던 것입니다. 바로 이것이 첫 번째 근본적인 한계입니다. 두 번째 한계는 맑스가 1848년 프랑스혁명을 분석하면서 여기저기서 대단한 통찰력을 드러내고, 누구나 확인할 수 있는 것처럼 권력 고유의 역학에 대한, 그러니까 권력이니 지배니 하는 것들에 대한 구체적인 분석을 선보이고 있음에도 불구하고 이를 적절하게 발전시키지 못했다는 데 있습니다. 그리고 바로 이것이 여러분이 스탈린주의와 같은 현상들을, 공포를 불러일으킨 20세기 공산주의를 어떤 비판적인 맑스주의를 통해 설명할 수 없는 이유입니다. 저는 맑스주의자들이 공공연하게 인종(차별)주의를 드러내는 경우를 자주 목격했습니다. 예를 들어 서구의 어떤 맑스주의자는 이렇게 주장합니다. '스탈린주의가 발생한 이유는, 혁명이 발전된 서구 유럽이 아니라 원시적인, 그리고 아시아적인 러시아에서 일어났기 때문이다'라고 말입니다. 이것은 완전히 틀린 생각입니다. 저는 오히려 공산주의는 러시아의 진정한 전통 속으로 유입된 서구의 산물이라고 주장하는 러시아의 보수주의자들에게 훨씬 공감하는 편입니다.

저는 '제3의 길'이란 말을 별로 좋아하지 않습니다. [현실적으로 가능한 대안이] 사회민주주의 아니면 파시즘이라는 생각과 너무 비슷해서 그렇습니다. 이 때 제3의 길이란 이 둘 사이 어딘가란 뜻을 가집니다. 이것도 아니고 저것도 아닌 식으로 말입니다. 자유를 자본주의나 생산성과 구분짓고, 사회적 단결이나 공동체를 공산주의와 구분짓는 그런 방식일 뿐이라고 할 수 있습니다. 이것은 너무 쉬운 해결책 아닙니까? 만약 여러분들이 제3의 길을 원한다고 말한다면 저는 이렇게 물을 것입니다. 그럼 제2의 길은 뭐냐고. 좋습니다. 제2의 길은 전체주의, 20세기의 전체주의, 그러니까 파시즘과 공산주의일 수 있겠습니다. 공산주의를 포함해서, 20세기의 전체주의는, 그들이 너무 멀리 나아갔기 때문이 아니라 오히려 그들이 자본주의의 틀 안에 너무 머물러 있었기 때문에 실패했다고 저는 생각합니다. 그들의 꿈은 기본적으로 자본주의자들의 꿈, 그러니까 생산성, 총괄적인 생산 유통 등과 관련된 자본주의자들의 꿈과 다르지 않았습니다. 스탈린주의에서도 이는 분명하게 드러납니다. 스탈린이 끝까지 미국을 찬양했던 이유도 여기에 있었던 것입니다. 스탈린은 '볼셰비키의 이상적인 인물은 어떤 모습을 하고 있을까?'라는 질문을 받았을 때 '러시아의 열정과 미국의 실용주의를 겸비한 사람'이라고 대답하지 않았습니까? 저는 제대로 된 제2의 길도 없는 상황에서, 제3의 길 같은 것에 대해 이야기하고 싶지 않습니다. 1990년의 공산주의 붕괴는, 20세기 공산주의가 진지한 제2의 길도 되지 못했다는 점을 암시합니다. 그리고 바로 이런 이유로 저는 그 용어를 좋아하지 않습니다. 제게 그 '제3의 길'이란 용어는 '우리는 두 극단들 앞에 서 있고 여기서 우리는 적절하게 균형을 유지해야 한다'라는 의미가 담긴 것으로 보입니다. 예, 저는 적절한 균형 같은 것을 결코 좋아하지 않습니다. 저는 극단을 좋아합니다.

폭력과 관련해서 질문한 분이 언급한 사항은 상당히 복잡한 문제라는 생각이 듭니다. 물론 저는 사람을 죽이는 것과 같은 의미에서의 폭력에는 반대합니다. 하지만 이집트와 관련해서 제가 논의했던 것처럼, 또 다른 형태의 폭력이 있습니다. 제가 히틀러와 관련해서 그가 충분히 폭력적이지 않았다고 썼던 이유, 또 그런 다음 한 발짝 더 나아가서 마하트마 간디Mahatma Gandhi가 히틀러보다 훨씬 더 폭력적이었다고 쓴 이유가 바로 여기에 있습니다. 제가 이런 얘기를 했을 때 사람들은 거의 저를 총으로 쏴 죽이려 했습니다. 제가 무슨 뜻으로 이런 말을 했을까요? 히틀러는 수백만 명의 사람들을 죽였습니다. 어떤 의미에서 그것이 자본주의 체계[가 처한 곤경]를 바로잡는 유일한 방법이었기 때문에 그랬습니다. 그는 사실 진정한 사회적 변혁이 일어나길 두려워했던 것입니다. 그리고 이럴 경우 폭력, 육체적 폭력, 막다름이란 의미에서의 폭력이 늘 뒤따르기 마련입니다. 제가 보기에 이런 폭력은 언제나 실패 또는 불능의 신호에 불과합니다. 스탈린의 거짓 집산화의 폭력 역시 마찬가지입니다. 그것은 그저 총체적 난국으로부터 벗어나려는 필사적인 행동이었습니다. 이집트로 다시 돌아가봅시다. 타흐리르 광장에서 시위자들이 저지른 행동들은 엄청나게 폭력적이었습니다. 이는 물론 육체적 폭력을 의미하는 것이 아닙니다. 국가의 전체 기능을 방해, 중지시켰다는 의미에서 폭력적이라고 할 수 있습니다. 무바라크 지지자들의 폭력, 즉 시위자들을 향해 그들이 저지른 발포와 공격 같은 것들은 분명히 사회 질서의 회복을, 사회 기능의 정상화를 목표로 하는 폭력이었습니다. 물론 저는 여기서 시위자들이 보여준 폭력 형태에 찬성하는 입장이고 그래서 [시위가 띠는 폭력적 양상에 대해] 그저 공격만 하는, 사실상 폭력을 두려워하는 사람들에게 동의할 수가 없습니다.

여기서 두 가지 사항을 덧붙여야 하겠습니다. 먼저 우리가 평화로운 시대에 살고 있는데 어떤 미친 혁명이 폭력을 유발시키는 것이 아니라는 점을 강조하고 싶습니다. 오늘도 얼마나 많은 폭력이 일어나고 있는지 모릅니다. 북한이나 중국뿐만 아니라 콩고나 러시아에서도 폭력은 일어나고 있습니다. 엄청난 폭력들입니다. 직접적으로 육체에 가해지는 폭력, 또 구조적인 의미의 폭력으로서 말입니다. 여기서 놓치지 말아야 할 것은 변화를 향한 폭력뿐 아니라 일상적 상황의 일부가 되고 있는 폭력입니다.

두 번째로 덧붙이고 싶은 것은, 긍정적인 의미의 폭력은, 단지 장소를 점유함으로써 사회적인 의미에서 상황들이 정상적으로 돌아갈 수 없도록 만드는 그런 폭력이라는 것입니다. 타흐리르 광장 또는 인도의 간디는 히틀러보다 훨씬 더 폭력적입니다. 간디의 목표는 영국 식민주의의 작동을 멈추게 하는 데 있었기 때문입니다. 이와 반대로 히틀러는 독일이라는 국가가 보다 더 잘 기능하도록, 계속 그런 상태를 유지하도록 하기 위해 수백만 명을 죽였습니다. 여기서 우리가 분명히 해야 할 것은 시위자들에게서도 폭력적인 면을 볼 수 있다는 점입니다. 이떤 의미에서 그들은 매우 독단적이었습니다. 그리고 우리는 이 점을 지적하길 두려워해서는 안 됩니다. 그러니까 사람들이 타흐리르 광장에 모였을 때 그들은 '우리는 창조적 대화를 원합니다'라고 한 것이 아니란 것입니다. 권력을 쥐고 있는 사람들이, 이를테면 무바라크 같은 사람이 위선적으로라도 '여러분은 모두 제 아들입니다. 그럼 이야기를 나눠볼까요?'라고 묻는 경우, 본 적 있습니까? 시위자들 또한 '아니, 더 이상 이야기는 안 할 거요. 가보쇼'라고 합니다. 아무런 대화도 이뤄지지 않는 상황입니다. 제가 보기에 긍정적인 의미의 폭력은 바로 이런 것입니다. 매우 독단적인 방식으로 우린 이런 폭력을 촉구해야 합니다. 하지만 여기서 잊지 말아야 할 것은, 이것이 사람들을 죽이는 그런 폭력은 아니란 점입니다. 차라리 반체제적 폭력이라고 할 수 있겠습니다. 상황을 정상화하고자 실제로 [사람을 죽이는] 폭력에 의존하는 것은 바로 그 권력자들입니다. 여러분이 있는 한국에서도 박정희 장군이 쿠데타를 했을 때 이러지 않았나요? 박정희가 이를 어떻게 정당화시켰는지는 잘 모르겠습니다만, 아마 그는 이렇게 말했을 것입니다. '모든 상황들이 결국에는 정상적으로 기능하도록 하고자 저는 민주주의를 정지시켰습니다'라고 말입니다. 모든 독재 체제는 늘 평화로의 회귀를 통해 합법화, 혹은 정당화됩니다.

강연자와 옮긴이 소개

슬라보예 지젝 Slavoj Žižek

1949년 슬로베니아 수도인 류블랴나에서 태어났다. 라캉과 맑스, 헤겔을 접목한 독보적인 사유로 '동유럽의 기적' 혹은 라캉 정신분석학의 전도사로 일컬어지는 세계적 석학이다. 『이데올로기라는 숭고한 대상』이 처음 출간된 당시에는 'MTV 철학자'로 불렸지만, 이제는 '현존하는 가장 위험한 철학자'로 불리고 있다. 지금까지 출간된 저서만 80여 종에 달하고 이 중 30여 종이 한국어판으로 나왔다. 지젝이 국제 지성계와 문화에 미친 영향은 지대한데, 그는 한국에서도 서구철학을 다루는 철학자 중 가장 탁월한 존재감을 드러내고 있다. 지금은 류블랴나에 살면서 류블랴나대학교 사회철학연구소 선임연구원이자 유럽대학원 교수로 있으며, 영국 런던 버빅칼리지와 뉴욕대학교에서도 학생들을 가르치고 있다. 2013년 7월 경희대학교 석학교수Global Eminent Scholar로 부임한다.
주요 (공)저서로는 『시차적 관점』, 『헤게모니, 우연성, 보편성』, 『그들은 자기가 하는 일을 알지 못하나이다』, 『부정적인 것과 함께 머물기: 칸트, 헤겔, 그리고 이데올로기 비판』, 『지젝이 만난 레닌』, 『잃어버린 대의를 옹호하며』, 『전체주의가 어쨌다고?』, 『삐딱하게 보기』, 『항상 라캉에 대해 알고 싶었지만 감히 히치콕에게 물어보지 못한 모든 것』 등이 있다.

민승기

지젝의 강연을 우리말로 옮겼다. 경희대학교 후마니타스칼리지 객원교수로 있다. 정신분석(학)이 사회비평의 도구로서 가진 잠재력, 그리고 근현대 철학과 정신분석(학)이 맺는 '불화' 또는 생산적 긴장 관계에 초점을 맞춰, 라캉과 지젝, 데리다 등을 실마리 삼아 공부 중이다. 함께 지은 책으로 『라깡, 사유의 모험』, 『라캉의 재탄생』, 『현대철학의 모험』이 있으며, 함께 옮긴 책으로는 『욕망이론』, 『포스트모던의 조건』 등이 있다.